실전에서 바로 써먹는
업무자동화

실전에서 바로 써먹는
업무자동화

구글 워크스페이스, 스프레드시트,
앱스 스크립트, 슬랙, 챗GPT

남동득 지음

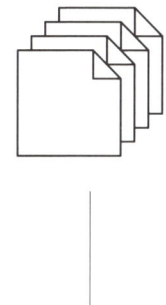

프롤로그

업무자동화가 경쟁력이다

　세상의 변화 속도가 예전보다 확실히 빨라지고 있다. 그중에서 가장 빠른 변화를 보이는 것이 기술의 발전이다. 얼마 전까지 기술 이야기를 할 때 가장 많이 나오는 용어가 인공지능, 빅데이터, 클라우드, 머신러닝, 딥러닝, 자율주행, 전기차 등이었다. 요즘에는 블록체인, 메타버스, NFT, 챗GPT와 같은 기술 용어가 자주 보인다. 불과 몇 년 사이에 기술과 관련한 용어 사용이 또 한 번 새로운 흐름으로 바뀌는 듯하다. 그만큼 사회도 변화의 속도가 빨라졌다. 사회의 변화를 이끄는 기술들은 결국 시대를 바꾸는 중요한 키워드가 된다. 우리가 이러한 기술들이 어떻게 작동하는지, 시대가 왜 이러한 기술에 주목하는지 알게 된다면 시장의 큰 변화에 올라탈 수 있다.

　문제는 변화를 체감하지만 무엇을 어떻게 해야 할지에 대해서는 알기가 어렵다는 점이다. 그래서 빠르게 변화하는 사회에서 살아가는 일이 곤혹스러울 때가 많다. 필자 또한 세상의 빠른 변화 속에서 '나는 무엇을 해야 할까?'를 항상 고민한다. 그러다가 하나 깨달은 점이 있다. 아무리 시대가 빠르게 바뀌어도 변하지 않는 것은 대부분의 사회 구성원은 일을 한다는 것이다. 그런데 똑같은 일을 하더라도 방식, 결과물, 소요 시간 등은 제각각이다. 왜 이러한 차이가 생기는 것일까? 그중 하나는 같은 분량의 반복 업무를 자신이 직접 처리하는 것과 기술을 활용하여 컴퓨터가 자동으로 처리하도록 한 것의 차이라고 생각한다.

직장 생활을 10년 넘게 하면서 일하는 방법에 대해서 많이 고민하게 되었다. 일하는 사람과 주변 상황 그리고 기술이 바뀌었다. 그런데 왜 우리가 일하는 방식은 그대로일까? 과거에 누군가가 만든 일하는 방식은 그 당시에는 최선이었을 것이다. 하지만 사람과 상황과 기술이 변화했다면 현 시점에서 최선의 방법이 무엇인지 고민하고 새로운 방법을 찾아봐야 하지 않을까?

현재는 자동화의 시대다. 사회의 여러 영역에서 자동화가 이루어지고 있다. 공장 자동화, 물류 자동화, 비즈니스 프로세스 자동화 등 자동화라는 말을 주변에서 쉽게 접할 수 있다. 이렇게 여러 분야에서 자동화가 이루어지고 있음에도 정작 우리는 사무실에서 여전히 동일한 작업을 반복적으로 수행하고 있다. 그래서 이 책에서 우리가 반복적으로 수행하는 업무를 효과적으로 구조화하여 익숙하게 사용하는 툴로 자동화하는 방법에 대해서 다루었다.

1장에서는 업무자동화를 해야 하는 이유와 자신의 일하는 방식을 자가 진단하는 방법에 관해 소개했다. 2장에서는 익숙하게 사용하는 구글 서비스를 활용하여 누구나 쉽게 데이터를 관리하고 업무를 자동화하는 방법에 대해서 필자의 실제 업무 사례와 팁을 중심으로 설명했다. 구글 워크스페이스와 여기에 포함된 드라이브, 설문지, 스프레드시트, 앱스 스크립트에 대해서 소개했다. 그리고 업무상 데이터 관리 목적으로 주로 사용하는 스프레드시트에서 자주 사용하는 함수와 팁에 관해 아주 상세하게 설명했다. 여기서 사용하는 함수의 조합과 팁은 필자가 10년 넘게 직장 생활을 하면서 배우고 경험한 내용 중에서 핵심만 선별하여 정리했다. 실제 업무에 많은 도움이 될 것으로 확신한다.

그리고 이 책의 하이라이트인 구글 앱스 스크립트를 다루었다. 필자는 앱스 스크립트를 알기 전과 후의 일하는 방식과 태도에 큰 변화가 생겼다. 앱스 스크립트를 알게 된 이후에는 의도적으로 업무를 구조화하고 패턴을 정의해서 자동화하는 습관이 들었다. 이제 웬만한 업무는 프로세스가 바로 머리에 그려진다. 앱스 스크립트를 사용하여 주로 데이터를 관리하고 구글의 다양한 서비스인 메일, 캘린더, 스프레드시트, 드라이브 등을 앱스 스크립트로 조작하고 외부 메신저 서비스인 슬랙과 연동하여 효과적으로 개인화된 메시지를 보내는 방법에 대해서 알아보고자 한다.

3장에서는 실제 업무에 적용하는 세 가지 실전 프로젝트를 통해서 업무의 시작부터 끝까지 전체과정을 경험해보고 그 안에서 우리가 고려해야 할 점들에 대해서 정리했다. 세 가지 실전 프로젝트는 회사 생활에서 주로 하는 업무를 중심으로 구성했다. 실제 필자가 업무상 진행했던 과제를 기준으로 예시를 만들었다. 이 책을 읽는 분들의 실무에 많은 도움이 되길 진심으로 바란다.

  새로운 것을 시도한다는 것은 쉬운 일이 아니다. 시간이 부족할 수도 있고 다른 중요한 일이 있을 수도 있다. 그러나 한 가지 약속 드릴 수 있는 것은 여러분이 이 책을 읽고 나서 실제 업무에 적용하기 전과 후의 여유 시간과 업무 효율에 상당한 변화가 있을 것이란 점이다. 여러분이 업무를 자동화해 생긴 여유 시간을 활용해서 자신에게 좀 더 가치 있고 중요한 일에 시간과 에너지를 투입한다면 지금보다 더 성장한 모습을 발견하게 될 것이다.

  필자는 일하면서 고민했던 부분과 시행착오를 겪으면서 알게 된 부분을 공유함으로써 독자분들과 함께 성장하기를 바라며 책을 썼다. 모쪼록 많은 분이 좀 더 효과적으로 또 재미있게 일하게 된다면 더 바랄 것이 없겠다.

2023년 4월
남동득

프롤로그 업무자동화가 경쟁력이다 • 4

1장 일하는 방식의 변화 • 11

1. 직장인의 일하는 방식의 변화 • 13
2. 요즘 직장인이 많이 사용하는 업무 툴 • 16

2장 업무자동화 사용 가이드 • 23

1. 구글 워크스페이스의 기능 소개 • 25
   - 구글 워크스페이스 소개 • 25
   - 구글 드라이브 소개 • 26
   - 구글 설문지 소개 • 31
   - 구글 스프레드시트 소개 • 36
   - 구글 앱스 스크립트 소개 • 37

2. 구글 스프레드시트를
   활용한 데이터 기본 작업 • 42
   - 구글 스프레드시트의 데이터 구조 • 42
   - ARRAYFORMULA, INDIRECT, COUNTA를
     활용한 함수 일괄 적용 방법 • 44
   - [배열함수를 통해서 데이터를 가져오는 꿀팁] • 48
   - 데이터 오류 처리하기: IFERROR • 49

3. 구글 스프레드시트의 유용한 함수 • 52
   - 날짜 타입 데이터 관리하기
     : YEAR, MONTH, DAY, WEEKDAY • 52
   - 날짜의 차이 계산하기
     : DATEDIF, EDATE, EOMONTH, WEEKNUM • 58
   - 데이터 조작하기
     : SPLIT, TRANSPOSE, TRIM, SUBSTITUTE • 63
   - 데이터 가져오기: IMPORTRANGE, FILTER, QUERY • 68
   - 데이터 연결하기: VLOOKUP, MATCH • 76

4. 구글 스프레드시트를 활용한 데이터 관리 • 83
   - 입력 가능한 데이터 제한하기: 데이터 확인 • 83
   - 빠르게 데이터 요약하기: 피봇 테이블 만들기 • 88
   - 필요한 데이터를 빠르게 확인하기: 조건부 서식 • 90

5. 구글 앱스 스크립트 사용하기 • 99
구글 앱스 스크립트 사용을 위한 코딩의 기본 구조 • 99
구글 스프레드시트의 데이터 불러오기 • 105
구글 스프레드시트의 데이터 조작하기
: INSERT/UPDATE/DELETE • 117
구글 앱스 스크립트를 활용한 이메일 발송하기 • 121
구글 캘린더 조작하기 • 129
구글 드라이브의 파일 조작하기: 생성/수정/삭제 • 142
슬랙 채널에 메시지 보내기 • 153
트리거(앱스 스크립트 실행) 조건 파악하기 • 164

3장 업무자동화 프로젝트별 활용 • 169

1. 설문 시스템 구축하기 • 171
미리 채워진 설문지 만들기 • 171
대상자들에게 설문을 발송하는 스크립트 작성하기 • 177
미응답자에게 설문을 독려하는 스크립트 작성하기 • 182
설문 응답 결과를 슬랙과 메일로 알림 받기 • 185

2. 조회 화면 만들기 • 194
조회를 위한 데이터 정보를 특정 시트에 모으기 • 194
HTML 화면 구성하는 방법 알아보기 • 195
웹페이지 구현을 위한 스크립트 작성하기 • 199
스크립트를 웹 앱에 배포하기 • 201
웹페이지 만들기 팁 • 209

3. 이벤트 추첨기 만들기 • 213
이벤트 추첨기를 만들어야 하는 이유 • 213
이벤트 추첨기 화면 구성하기 • 215
이벤트 당첨자 선정하기 • 219
슬랙으로 이벤트 당첨자 공지하기 • 225

에필로그 디지털 언어와 기술의 진화는 생각보다 훨씬 빠르다 • **229**

부록 구글 스프레드시트에서 챗GPT 활용하기 • **231**

1장

일하는 방식의 변화

1.
직장인의 일하는 방식의 변화

　필자가 직장 생활을 한 기간은 우리 사회와 기업이 IT 기술을 본격적으로 도입하던 시기와 겹친다. 그 덕분에 IT 기술을 활용한 업무자동화의 변화를 현장에서 하나씩 배워가며 적용할 수 있었다. 게다가 운 좋게도 다양한 기업에서 일하게 되었고 기업마다 일하는 방식과 절차가 다르다는 것을 알았다. 그리고 시간이 지남에 따라 일하는 방식이 점점 빠르게 변하는 것을 느끼고 있다.

　처음 직장 생활을 할 때 가장 많이 사용하던 도구는 엑셀, 파워포인트, 이메일이었다. 당시에는 보고서를 많이 작성했는데 엑셀을 활용해서 데이터를 계산하고, 그래프와 표를 만들어서 파워포인트에 붙여넣고, 그래프와 표가 나타내는 내용이 무엇인지 분석하고 그 결과를 기반으로 보고서를 작성했다. 작성한 보고서는 프린트를 해서 팀장님께 보고했고 피드백을 받으면 그 내용을 반영해서 다시 팀장님께 보고서를 올렸다. 그다음에 실장님, 본부장님순으로 또다시 보고서를 보완하여 보고하는 방식으로 일했다. 그리고 유관 부서와의 커뮤니케이션은 주로 이메일을 사용했다. 이메일은 직접적인 업무 담당자는 수신자에 넣고 관련 분들은 다 참조에 넣어서 보내고 계속 답장을 주고받으며 커뮤니케이션하는 방식으로 업무를 처리했다.

또 다른 회사에서는 데이터를 구글 스프레드시트에서 관리하고 관련된 사람들에게 권한을 부여하여 데이터를 공동으로 수정하고 상시로 같은 데이터를 볼 수 있게 운영했다. 그리고 업무 커뮤니케이션도 메일보다는 슬랙과 같은 메신저를 통해 주로 오픈 커뮤니케이션을 했다. 보고서를 쓰기보다는 특정 공간에서 내용을 정리하여 빠르게 공유했다. 순차적으로 보고하기보다는 관련된 사람들에게 동시에 멘션을 걸고 댓글 형태로 피드백을 받으며 함께 논의하고 조율하는 방식으로 업무를 처리했다.

이러한 일하는 방식들은 기술의 발전과 사회 문화적 변화에 따라 지속적으로 변화한다. 그런 반면 변하지 않는 것이 있는데 직장인이 일할 때 데이터를 관리하고 활용한다는 것과 내·외부 관계자들과 업무를 위해 커뮤니케이션을 하고 조율한다는 사실이다. 사용하는 도구와 방식이 바뀌었을 뿐 자신에게 주어진 업무를 처리해야 한다. 그리고 많은 직장인은 일을 어떻게 하면 좀 더 효과적으로 할 수 있을지, 좀 더 성과를 낼 수 있을지에 대해서 스스로 계속 고민하고 있다.

기술이 발달하면서 로봇 프로세스 자동화RPA, Robotic Process Automation 분야가 기업에서 큰 관심을 받고 있다. 반복적이고 패턴이 있는 업무들은 장기적으로는 기술이 대체하게 될 것이다. 만약 내가 하는 업무를 누군가가 만든 기술이 대체하게 된다고 가정해보자. 나는 어떻게 될지, 앞으로 무엇을 해야 할지에 대한 고민이 생길 수밖에 없을 것이다. 그런데 스스로 기술을 활용해서 내가 하는 업무를 자동화한다면 어떻게 될까? 나의 생산성과 업무 효율성은 올라가고 효율화를 통해서 확보한 시간과 에너지를 자신의 성장을 위한 일에 더 쏟을 수 있게 될 것이다. 다시 이를 통해서 업무를 확장할 수 있게 될 것이다. 그리고 스스로 만든 자동화 툴을 누군가는 관리하고 안정성을 확보해야 하니 아마 본인은 대체 불가능한 인재가 될 가능성이 크다.

  많은 반복적인 업무들은 조금 더 신경쓰거나 관심을 가진다면 효과적으로 개선할 수 있다. 변화를 주는 것이 처음에는 부담스럽거나 어려울 수 있다. 하지만 지속적으로 변화를 주는 것도 익숙해지면 좀 더 재미있게 업무를 할 수 있는 방법이 될 것으로 생각한다. 같은 고민을 하는 직장인으로서 필자와 함께 도전하고 시작해보길 바란다.

2.
요즘 직장인이 많이 사용하는 업무 툴

필자가 직장 생활을 시작했을 때만 해도 업무에 사용하는 툴은 거의 동일했다. 연구개발R&D을 포함한 특수직이 아닌 일반 사무직 근무자는 엑셀, 파워포인트, 워드, 메일만 있으면 업무를 하는 데 전혀 문제가 없었다. 이 툴들이 업무의 표준이었다. 그러나 "10년이면 강산도 변한다."라는 말이 있듯이 지금은 너무나 많은 협업 툴이 나왔고 기업마다 일하는 방식에 맞게 다양한 툴을 선택해서 사용해왔다.

이러한 협업 툴은 기업 생태계의 변화에 따라 달라졌다. 과거에는 IT 서비스를 만들고자 하면 다양한 장비들이 필요했지만 지금은 창업하기에 좋은 환경이 갖추어지고 기술이 발전하면서 너무나 편리해졌다. 클라우드 환경에서 서비스를 만들어 제공할 수 있고 오픈소스 생태계가 발전하다 보니 각 솔루션이 서로 간의 연결과 확장성을 위해서 API를 구축하여 다수의 서비스를 하나의 서비스처럼 사용할 수 있게 된 부분이 중요한 변화로 보인다. 그리고 많은 서비스형 소프트웨어SaaS, Software as a Service 기반 협업 툴이 구독모델로 과금을 한다. 이 경우는 신규 서비스를 사용하기 위해 구축비를 부담하는 게 아니라 인원수에 대해서 사용료를 내는 방식이다. 이러한 과금 방식은 서비스 가입 후 적합하지 않다고 판단되면 바로 해지하고 다른 서비스로 전환할 수 있어서 시장 경쟁을 촉발하여 다양한 협업 툴이 나오는 데 기여했다.

필자가 일해본 기업들과 주변의 IT 스타트업들을 보았을 때 가장 많이 사용하는 협업 툴은 구글 워크스페이스와 슬랙이었다. 이 두 가지 툴은 회사에서 사용하지 않는다고 하더라도 개인이 구글이나 슬랙 계정을 만들면 무료로 해당 서비스를 사용할 수 있어서 회사에서 공식적으로 비용을 내고 사용하지 않더라도 개인이 쉽게 접근할 수 있다.

구글 워크스페이스는 기본적으로 드라이브, 스프레드시트, 설문지(폼), 캘린더, 문서, 프리젠테이션(슬라이드) 등으로 구성되어 있다. 구글 워크스페이스는 웹 기반으로 권한이 있는 사용자와 동시 작업이 가능하며 구글에서 제공하는 앱스 스크립트를 통해서 별도의 개발 환경이 없어도 모든 서비스의 연결과 관리가 가능하다는 것이 가장 큰 장점이다.

구글 워크스페이스의 서비스 구성

마이크로소프트에도 유사한 협업 툴인 팀즈Teams가 있다. 팀즈는 엑셀과 워드 등을 웹에서 운영할 수 있다. 하지만 보통 엑셀을 사용할 때 로컬 PC에서 다루다 보니 개인적으로 동기화 측면에서 좀 불편했다. 자동화 도구인 파워오토메이트Power Automate도 노코드 툴로 코딩 없이 업무자동화 설정이 가능하다. 하지만 노코드다 보니 다소 정형화된 형태에서만 사용할 수 있어 개인적으로 확장성 측면에서 다소 아쉬웠다.

그리고 슬랙은 업무용 메신저로 많이 사용하고 있다. 공개 또는 비공개 채널을 만드는데 보통은 주제에 맞는 채널에서 관련 주제에 대해서 논의를 하며 업무 히스토리를 쌓는 형태로 사용한다. 또한 다이렉트 메시지DM, Direct Message를 보낼 수 있어서 개인용 메신저로도 사용할 수 있다. 특정 주제에 대한 댓글을 남길 수 있고, 누군가 내가 작성한 글을 꼭 보게 하기를 희망할 경우 '@이름'을 통해서 해당 인원을 호출할 수 있고, 다양한 이모지로 반응을 남길 수 있다. 슬랙은 API가 잘 구성되어 있으며 챗봇과 워크플로우 등을 생성하여 좀 더 효과적으로 업무를 보조한다. 이와 같이 구글과 슬랙 이 두 가지 툴을 회사에서 사용하지 않더라도 개인적으로 사용한다면 업무 효율성을 크게 개선할 수 있을 것이다.

셀프 진단
나는 어떻게 일하고 있는가

일하는 방식과 기술의 변화를 따라가기 위해서 자신이 일하는 방식을 한번 점검할 필요가 있다. 필자를 포함한 많은 직장인이 매일 하루 8시간씩 일하고 있다. 1년이 365일이고 약 52주이므로 주 40시간 일을 한다고 가정해보자. 우리는 회사 업무로 연간 약 2,080시간을 사용하는 것이다. 실로 엄청난 시간을 회사 업무에 투입하고 있고 또 앞으로 할 예정이다. 그렇다면 한 번쯤 나의 일은 과연 무엇이고 목적은 무엇인지, 어떻게 일하면 더 효과적인지, 현재 하는 일을 개선할 다른 방법이 있는지에 대해서 고민하는 시간이 필요하다.

다음의 표를 통해서 일하는 방식을 점검해보고 해당되는 내용이 있다면 그 방식이 적절한지에 대해서 스스로 질문해보길 바란다.

나의 일하는 방식 점검표

나의 일하는 방식 점검	확인
• 과거 해오던 방식을 계속하고 있는가?	
• 업무 과정에서 실수가 발생하는가?	
• 단순하고 반복적으로 일하는 방식을 선호하는가?	
• 일의 질보다 양을 더 중시하는가?	
• 업무 성장이 정체되어 있다고 느끼는가?	
• 일을 받으면 어떻게 해야 할지 머리가 복잡해지는가?	

필자가 업무상 만났던 사람들에게 지금 하는 일에 대해서 "혹시 이런 방식으로 일하게 된 계기가 있었나요? 더 좋은 방식은 없을까요?"라고 질문했을 때 대다수는 기존에 이렇게 해왔기 때문에 쭉 이런 방식으로 일하고 있다고 대답했다. 과거 그 일을 했던 담당자에게는 이런 방식이 맞을 수 있겠지만 과연 지금도 그럴까? 지금 그 일을 하는 우리는 이렇게 일하는 것이 과연 적절한 방법인지, 더 좋은 방법은 없는지 스스로 계속 질문해야 한다. 일의 목적이 비슷하더라도 과정과 결과는 사람마다 다를 수 있다. 필요하다면 일하는 방식을 지속적으로 개선해야 더 좋은 성과를 낼 수 있다. 또 그렇게 해야 스스로도 성장한다는 느낌이 들 것이다.

다음 표는 필자가 업무를 할 때 해당 업무를 어떻게 처리할지를 판단하기 위해서 업무의 특성에 대해서 작성한 것이다. 필자의 경우 두 가지 이상이 충족되면 해당 업무가 자동화될 수 있게 구현했다. 만약 100% 자동화가 불가능하다면 사람의 개입이 최소화되도

업무자동화를 적용하기 위한 판단 기준

나의 일하는 방식 점검	확인
• 운영성 업무의 비중이 큰가?	
• 실행 주기가 명확한가?	
• 반복성이 높은가?	
• 업무의 절차와 흐름이 명확한가?	
• 업무를 위한 데이터가 관리되고 있는가?	
• 시간이 많이 걸리는가?	
• 사람이 처리하기에는 만족도가 떨어지는가?	
• 결과물의 형태가 명확한가?	

록 단계를 나누고 처리할 단계와 필요한 시점을 정리해서 알림을 자동으로 발송할 수 있게 구현했다.

'업무자동화'라는 표현에 개발의 영역이 일부 포함되어 다소 복잡해 보일 수도 있다. 하지만 자신의 일에 대해서 명확히 알고 있다면 누구나 만들 수 있다. 필자도 개발자가 아니라 현재 인사 업무를 하는 직장인이다. 어느 정도의 IT 지식은 필요하다. 하지만 이 책에서 다루는 코드와 함수는 실무에서 쉽게 적용할 수 있고 독자들이 이해하기 쉬운 형태로 내용을 구성했다. 따라서 이 책을 읽고 차근히 따라 하면 업무에 많은 도움이 될 것으로 기대한다.

2장

업무자동화 사용 가이드

1. 구글 워크스페이스의 기능 소개

구글 워크스페이스 소개

우선 업무자동화를 위해서 다루게 될 구글 워크스페이스Google Workspace에 대해서 간단히 소개해보겠다. 구글 워크스페이스는 '구글에서 제공하는 클라우드 기반 협업 소프트웨어의 모음'이다. 이전 명칭은 지슈트G Suite였고 최근에 이름을 구글 워크스페이스로 변경했다. 구글 워크스페이스는 지메일, 드라이브, 설문지(폼), 행아웃, 캘린더, 스프레드시트 등 구글에서 제공하는 협업을 위한 다양한 서비스가 포함되어 있다. 구글 워크스페이스 사용을 희망하는 기업에는 기업용 도메인(@yourcompany.com)을 기반으로 맞춤형 서비스를 제공하고 있다. 그리고 개인용 지메일 계정으로도 해당 기능을 사용할 수 있다.

필자가 구글 워크스페이스를 처음 사용한 것은 2018년인데 당시 지스위트라는 이름으로 처음 접했다. 그전까지는 회사에서 엑셀과 파워포인트 중심으로 일을 해왔는데 클라우드 기반 협업 툴인 구글 워크스페이스를 접하고 나서 일하는 방식이 완전히 바뀌었다. 협업 툴이기 때문에 동료들과 온라인에서 함께 작업할 수 있고 클라우드 기반이라서 인터넷만 연결되면 원할 때 언제든지 접근할 수 있었다.

당시 회사에서 설문지, 스프레드시트, 캘린더를 업무에 상당히 많이 사용했다. 그런데 사람이 일일이 업무를 연결해야 했기에 자동화가 가능한지 궁금해졌다. 웹브라우저에서 운영되는 서비스라면 스크립트를 지원할 것으로 생각했다. 그리고 이리저리 알아본 결과 앱스 스크립트를 지원한다는 것을 알게 되었다. 앱스 스크립트를 통해서 각 서비스를 사람이 아니라 코드로 연결하면서 필자가 일하는 방식은 근본적으로 바뀌었다. 현재 구글 워크스페이스는 IT 기업과 스타트업에서 표준처럼 사용하는 협업 툴인데 점점 더 사용 기업이 늘고 있다. 기업이 아니라 개인도 일부 기능을 무료로 사용할 수 있어 한번쯤 배워볼 만한 툴이라고 생각한다.

지금부터는 구글 워크스페이스의 각 서비스인 드라이브, 설문지, 스프레드시트, 앱스 스크립트를 소개하고 실제로 업무상 유용한 내용에 대해서 다뤄보고자 한다.

구글 드라이브 소개

우선 구글 드라이브Google Drive에 접속해보자. 검색창에서 '구글 드라이브'를 입력하여 검색하거나 주소창에 drive.google.com을 입력하면 구글 드라이브에 접속이 가능하다. 구글 드라이브는 구글 계정이 있다면 무료로 제공된다.

구글 드라이브는 컴퓨터에서 파일을 찾을 때 사용하는 '파일 탐색기'와 유사하다. 구글 워크스페이스 내에 생성되거나 저장된 파일과 폴더는 다 구글 드라이브에서 관리된다. 그리고 새 파일을 만들려면 구글 드라이브 좌측 상단의 + 새로 만들기 버튼을 누르면 폴더, 스프레드시트, 설문지, 프레젠테이션 등을 만들 수 있다.

만약 새로운 파일을 만들기 위해서 구글 드라이브로 접속하는 게 번거롭다면 아래와 같이 .new 도메인을 주소창에 입력하면 바로 원하는 파일을 만들 수 있다.

- 문서: doc.new, docs.new, documents.new
- 스프레드시트: sheet.new, sheets.new, spreadsheet.new
- 프레젠테이션(슬라이드): slide.new, slides.new, deck.new, presentation.new
- 설문지(폼): form.new, forms.new
- 캘린더: cal.new

위의 기능은 구글이 사용자의 편의성을 위해서 새 파일을 만들 때 제공하는 서비스이다. 만약 기존에 작성한 문서에 접근하려면 구글 드라이브에서 내 드라이브 또는 드라이브에서 검색하여 파일에 접근할 수 있다.

구글 드라이브의 각 폴더와 파일은 아이디ID를 가지고 있다. 다음 그림 「구글 드라이브 화면 구성」에서 구글 워크스페이스 강의안

구글 드라이브 화면 구성

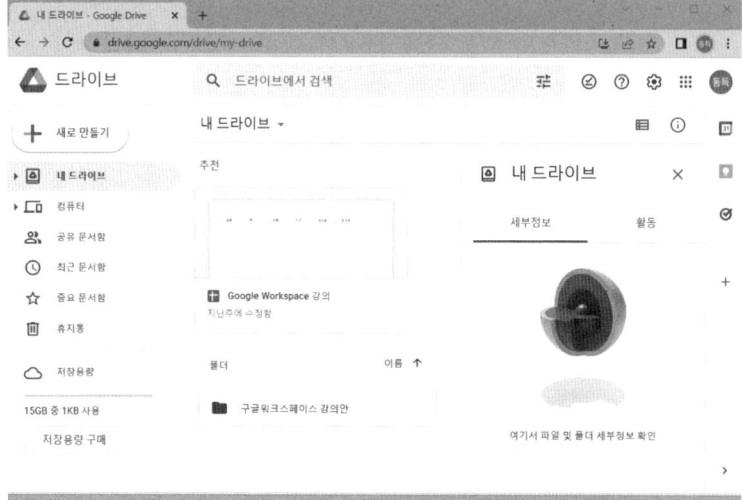

폴더를 클릭하면 주소창의 URL이 다음과 같이 변한다. URL에 표시된 folders/ 우측의 문자가 해당 폴더의 아이디라고 보면 된다.

- 폴더 URL: https://drive.google.com/drive/folders/1FyjX3ms-SBMJVrq2IES4nH0k8Zl3Dcnh
- 폴더 ID: 1FyjX3ms-SBMJVrq2IES4nH0k8Zl3Dcnh

향후 앱스 스크립트를 사용할 때, 폴더와 파일에 접근할 때 URL 또는 아이디를 통해서 접근할 수 있으니 해당 문자가 무엇을 의미하는지 알아두자.

구글 드라이브에서 가장 중요한 기능은 공유와 권한 설정이다. 폴더와 파일을 클릭하고 우측 버튼을 누르면 그림 「구글 드라이브

구글 드라이브의 폴더 구조

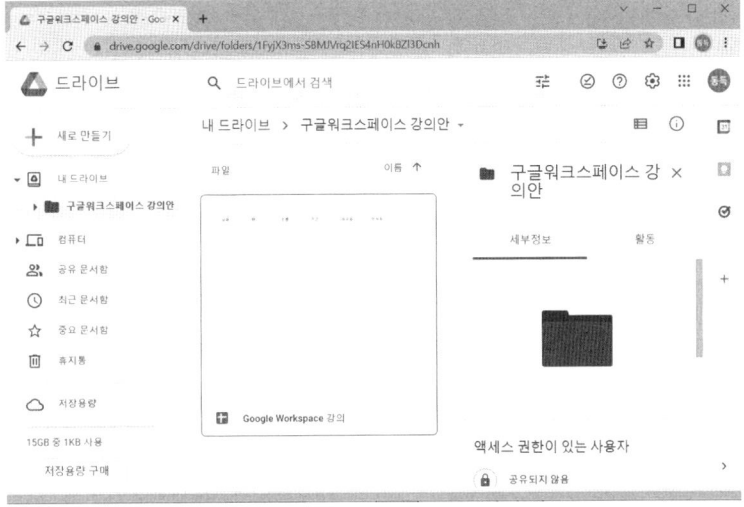

의 폴더와 파일 설정」과 같이 여러 가지 메뉴가 나타난다. 이 중에서 공유 버튼을 누르면 그림 「공유와 권한 설정」과 같은 화면이 나타난다. 여기에서 선택된 파일의 수정 권한, 댓글 입력 권한, 뷰어 권한 등 사용자별로 권한을 부여할 수 있다. 부적합한 사람의 권한을 회수하거나 동일한 도메인(같은 회사)을 사용하는 사용자들에게 어떤 권한을 제공할지도 선택할 수 있다.

우측 상단의 톱니바퀴(설정) 버튼을 누르면 편집자의 권한을 관리하고 뷰어 및 댓글 작성자의 다운로드, 인쇄, 복사 허용 여부를 설정할 수 있다. 이 부분이 가장 중요한 이유는 보통 컴퓨터 내의 파일은 유출되면 이후에 통제가 불가능하지만 구글 드라이브에 들어 있는 파일과 서비스는 권한 설정을 통해서 유출된 파일을 회수하고 후속 피해가 발생하지 않게 대응할 수 있다.

구글 드라이브의 폴더와 파일 설정

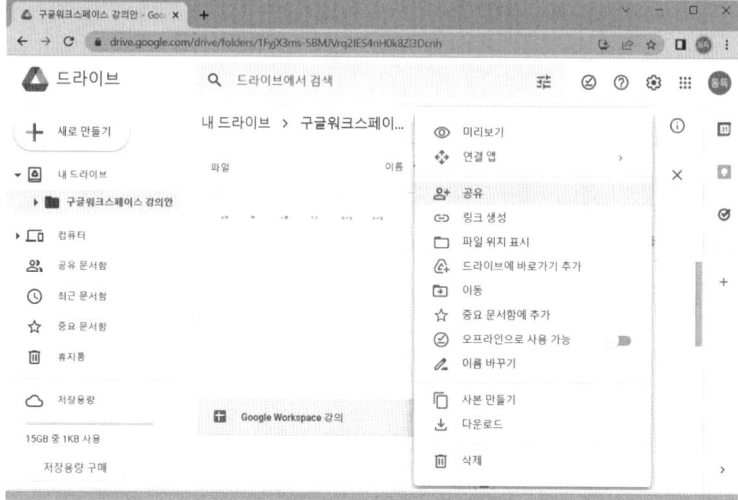

공유와 권한 설정

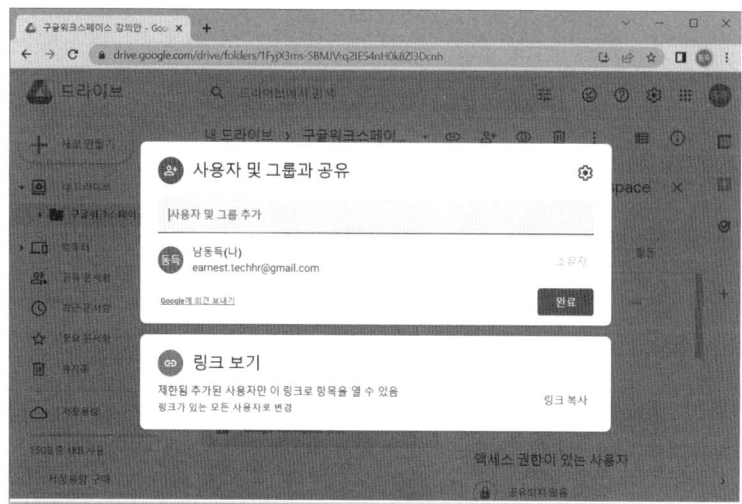

구글 설문지 소개

구글 설문지Google Forms는 다수에게 설문 조사를 하거나 동일한 양식으로 응답을 받기 위해서 주로 사용한다. 설문 응답 결과를 스프레드시트로 만들 수 있어 설문이 종료된 후에 데이터를 관리하고 다루기에 유용하다. 구글 드라이브에서 + 새로 만들기 〉 구글 설문지를 클릭하면 아래 그림「구글 설문지 화면」처럼 '제목 없는 설문지'가 만들어진다. 이때 제목을 입력하면 설문지 제목과 파일명이 동일한 설문지가 생성된다. 그리고 우측 툴바에서 질문 추가, 질문 가져오기, 제목 및 설명 추가, 이미지 추가, 동영상 추가, 섹션 추가를 할 수 있다. 상단의 테마 맞춤 설정을 통해 원하는 형태의 설문지를 디자인할 수도 있다.

설문지에서 가장 중요한 점은 누구에게 어떤 질문을 어떻게 할

구글 설문지 화면

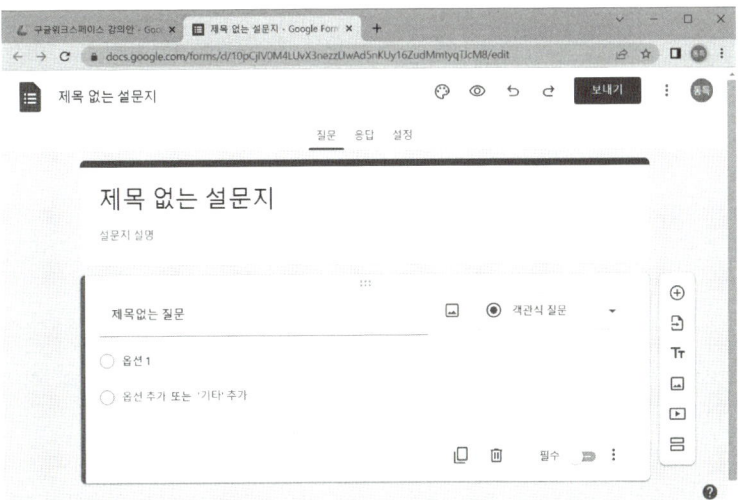

구글 설문지 응답 정보 설정

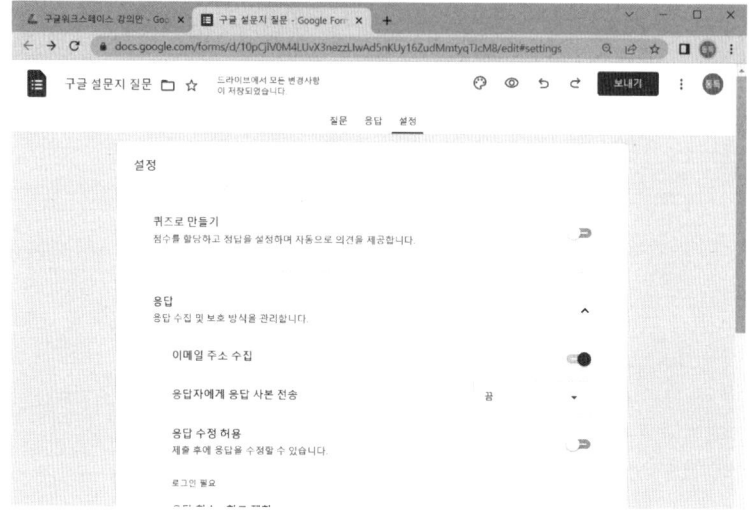

것인가이다. 상단 탭의 세 번째에 있는 '설정'을 클릭하면 응답 조건을 설정할 수 있다. 여기에서 이메일 주소 수집을 활성화하면 현재 로그인된 이메일 정보를 자동으로 수집할 수 있다. 이는 이메일 주소 수집을 통해서 응답자가 누구인지 식별하는 데이터로 활용할 수 있다.

기업용 구글 워크스페이스를 사용한다면 응답 조건에 회사명 및 신뢰할 수 있는 하위 조직의 사용자로 제한을 활성화하여 특정 집단 또는 내가 속한 집단(동일 이메일 도메인 사용자)만 설문을 할 수 있게 설정할 수 있다. 이는 사내 업무 목적으로 사용할 때 해당 조건과 이메일 주소 수집을 활성화하면 내부 구성원이 응답한 데이터를 연결함으로써 신뢰성을 높이는 데 유용하게 사용할 수 있다.

구글 설문지는 다양한 유형의 질문을 할 수 있다. 단답형 또는

구글 설문지에서 사용하는 질문 유형

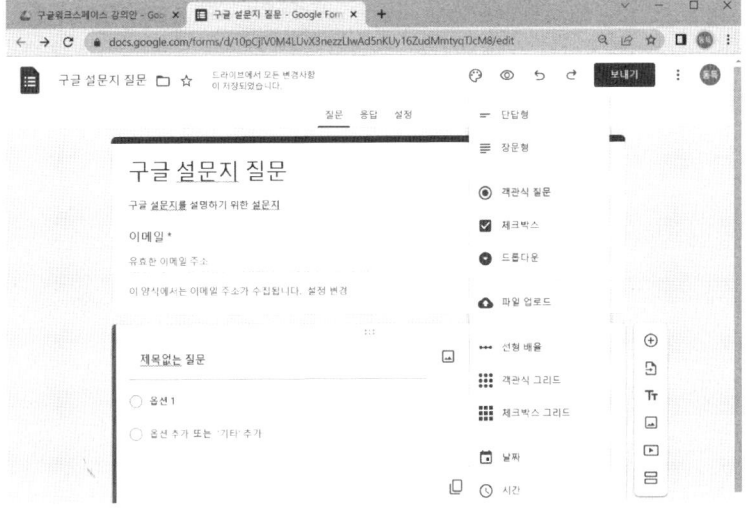

장문형 질문, 객관식 질문과 중복 선택이 가능한 체크박스, 점수 척도를 나타내는 그리드 형태, 날짜, 시간에 대한 응답을 받을 수 있다. 이를 통해서 원하는 형태의 질문을 만들 수도 있다. 그리고 각 질문 하단의 필수 체크를 활성화해 필수 질문에 대해서 응답을 하지 않으면 설문지를 제출할 수 없게 할 수 있다.

우측 하단의 점 3개로 된 더 보기 버튼을 누르면 응답 확인이 있는데 해당 기능은 응답 조건을 설정할 수 있다. 숫자의 범위를 정하거나 문자의 길이를 제한할 수 있고 텍스트는 이메일과 URL로 입력을 제한할 수도 있다. 그리고 정규 표현식이 있다. 이는 전화번호 형식을 설정할 때 많이 사용한다. 전화번호 형식을 정규 표현식으로 설정할 때 [0-1]*-[0-9]*-[0-9]*로 작성하면 두 개의 하이픈(-) 옆에는 0~9까지의 숫자가 들어 있는 형태의 값만 설문지

정규 표현식을 활용한 전화번호 응답 확인 방법

가 유효한 것으로 인정한다고 보면 된다. 정규 표현식은 다루기에 복잡한 개념이어서 여기서는 더 자세히 설명하지 않겠다.

설문지를 발송하기 전에 상단의 두 번째 탭 응답에서 응답받기가 활성화되어 있는지 확인해야 한다. 응답받기를 비활성화하면 응답을 더 이상 수집할 수 없다. 설문을 할 때는 항상 응답받기 상태를 체크하기 바란다. 우측 상단의 스프레드시트 만들기 버튼을 통해서 응답 결과를 새 스프레드시트로 만들지, 기존 스프레드시트에 입력되도록 할지 선택할 수 있다. 선택을 해두고 응답 결과를 보고 싶을 때 해당 버튼을 누르면 바로 응답 결과를 모은 스프레드시트로 연결된다.

우측 상단의 보내기 버튼을 누르면 설문지를 어떻게 보낼지 선택할 수 있다. 설문지를 받을 이메일 대상자를 입력하고 내용을 작성해서 바로 이메일을 보낼 수 있다. 설문 링크를 복사해서 메일 본문이나 설문 참여를 요청할 게시판 또는 SNS 등에 해당 링크를 삽입하는 방법도 있다. 그리고 특정 사이트에서 보이게 하기 위해

설문지 응답받기 및 응답 결과 확인하기

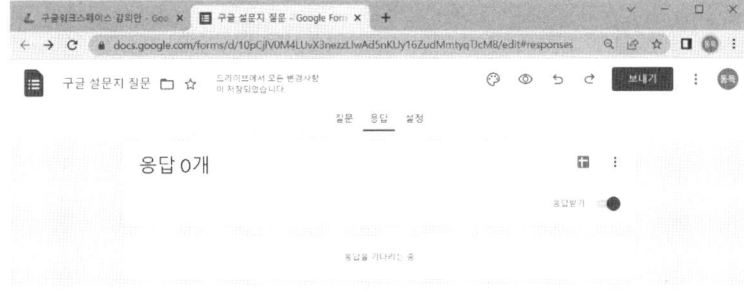

설문지 보내는 방법

서 아이프레임iframe 형태로 설문지가 바로 보이게 하는 방식도 있다. 일반적으로는 설문 링크를 복사해서 SNS 등으로 전달하는 방식을 가장 많이 사용한다. 설문의 목적과 방식에 맞게 해당 기능을 적절하게 활용하길 바란다.

구글 스프레드시트 소개

구글 스프레드시트Google Spreadsheet는 엑셀과 유사한 형태의 데이터 관리 도구라고 보면 된다. 하단부에 '+' 버튼을 누르면 여러 개의 시트를 만들 수 있다. 각 시트는 가로 행과 세로 열로 구성된 수많은 셀로 구성되어 있다. 각 셀에서 사용할 수 있는 함수와 사용법이 엑셀과 유사하지만 일부는 스프레드시트에서만 사용이 가능하다. 스프레드시트는 웹브라우저 기반으로 사용되기 때문에 권한이 있는 여러 사용자가 동시 작업을 할 수 있고 브라우저에서 사용할 수 있는 기능들도 사용할 수 있다. 구글 앱스 스크립트를 활용하여 제어할 수 있는 점이 가장 큰 장점이다.

앞으로 더 상세하게 다룰 것이기 때문에 여기서는 스프레드시트가 무엇인지에 관해서만 간단하게 소개했다. 스프레드시트만 잘 활용하더라도 업무의 상당 부분을 효과적으로 개선할 수 있을 것이다.

구글 스프레드시트 화면 구성

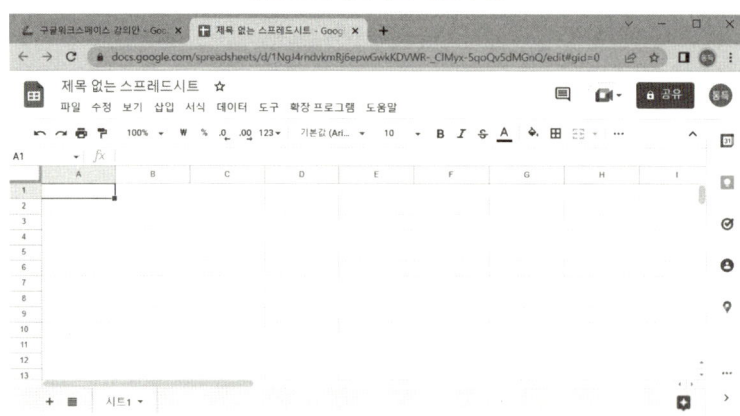

구글 앱스 스크립트 소개

구글 앱스 스크립트Google Apps Script는 구글 워크스페이스에서 간단한 앱을 개발할 수 있도록 구글이 자바스크립트를 기반으로 만든 스크립팅 플랫폼이다. 구글 앱스 스크립트 사용법을 알기 위해서는 구글에서 제공하는 레퍼런스를 참고하면 효과적이다. 주소 창에 https://developers.google.com/apps-script/reference 사이트를 직접 입력하거나 구글 검색 창에서 google apps script reference 혹은 구글 앱스 스크립트 레퍼런스를 검색하면 해당 사이트에 접근이 가능하다. 여기에는 메일, 캘린더, 워드, 드라이브, 설문지, 스프레드시트 등 다양한 구글 서비스에서 앱스 스크립트를 사용할 수 있도록 다양한 함수와 사용법이 적혀 있다.

그러나 영어로 작성되어 있고 너무 많은 함수와 결과 그리고 복

구글 앱스 스크립트 레퍼런스 사이트

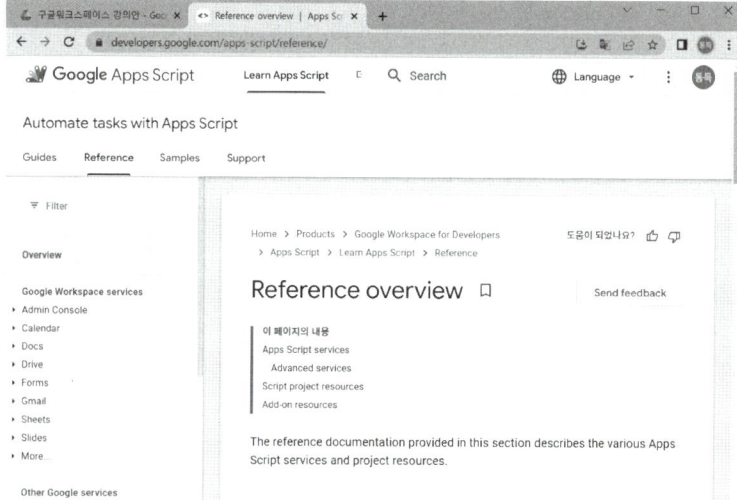

잡성으로 인해서 처음 사이트를 보는 사람들은 어떻게 접근해야 할지 막막함을 느낄 수 있다. 그래서 앱스 스크립트를 다루는 장에서 실제 업무 상황을 고려하여 정말 필요한 함수와 기능을 알아보고 어떤 절차와 방식으로 앱스 스크립트를 사용하여 해결하고 싶은 문제를 처리할 수 있는지에 대해서 다루고자 한다.

앱스 스크립트는 웹브라우저에 https://script.google.com/를 입력하여 직접 접속할 수 있다. 그리고 스프레드시트의 상단 탭에서 '확장 프로그램 〉 Apps Script'를 클릭하거나 설문지의 우측 상단에 점이 3개 있는 더 보기 버튼을 누르고 '〈 〉스크립트 편집기'를 클릭하면 접근할 수 있다. 스프레드시트와 설문지에서 앱스 스크립트를 실행하면 최초 선택된 서비스와 직접 연결된 앱스 스크립트를 만들 수 있다.

앱스 스크립트를 사용하기 전에 앱스 스크립트의 표준시간을 먼저 설정하고자 한다. 작성한 코드를 날짜나 시간을 기준으로 실행하기 위해서는 앱스 스크립트의 실행 기준인 표준시간이 내가 작

구글 앱스 스크립트 화면

스프레드시트에서 앱스 스크립트 접속하기

설문지에서 스크립트 편집기 접속하기

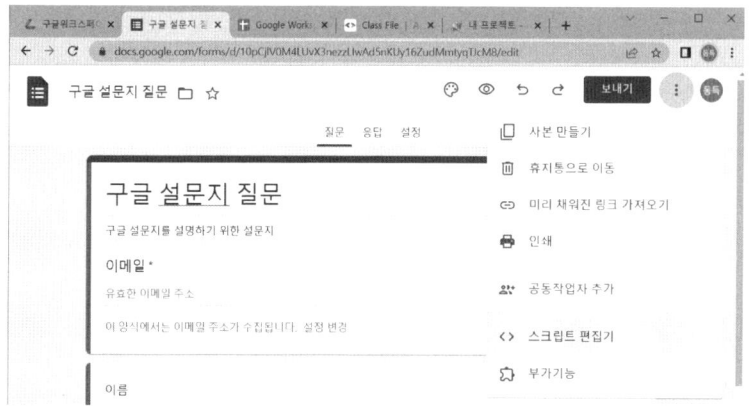

동을 원하는 시간 조건과 일치되어야 한다. 그런데 간혹 이 표준시간이 미국 시각 기준으로 잡혀 있을 때가 있다. 그러면 한국 시각과 13시간 정도의 차이가 있어 특정 업무를 수행할 때 원하는 시간 조건이 아니라 다른 시간대에 스크립트가 실행되는 문제가 발생할 수 있다.

표준시간을 설정하기 위해서 좌측 하단의 톱니바퀴 버튼을 클릭한 후 프로젝트 설정을 클릭한다. 시간대를 (GMT+09:00) 한국 표

구글 앱스 스크립트 프로젝트 설정

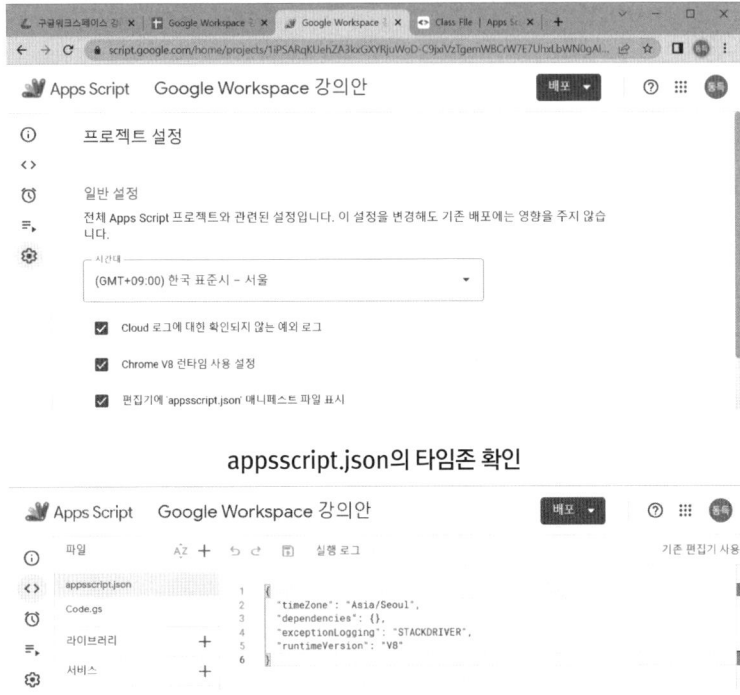

appsscript.json의 타임존 확인

준시 – 서울로 설정하고 그림「구글 앱스 스크립트 프로젝트 설정」과 같이 편집기에 'appsscript.json' 매니페스트 파일 표시를 체크한다. 그러면 편집기 좌측 상단에 appsscript.json이 표시된다. 여기에 "timeZone": "Asia/Seoul"로 표시되어 있는지 확인한다. 간혹 timeZone이 America로 되어 있는 경우가 있다. 사전에 표준시간의 설정값을 확인해두면 이후 업무를 하는 데 효과적이다.

앱스 스크립트의 좌측 상단에서 파일 우측에 있는 + 버튼을 누르면 스크립트와 HTML이 나타난다. 스크립트를 클릭하면 gs 파일이 생성되고 function myFunction(){ }이라는 함수가 만들어진

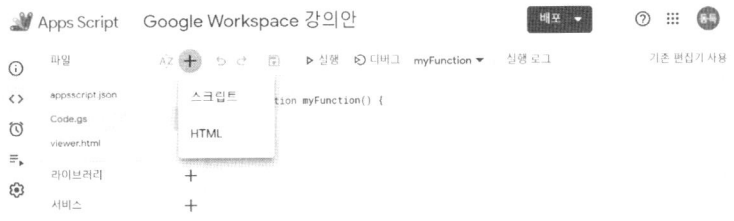

구글 앱스 스크립트에서 지원하는 스크립트와 HTML

다. 그리고 HTML을 누르면 〈!DOCTYPE html〉이라는 html 형식의 파일이 만들어진다. HTML과 gs 파일을 제공한다는 점을 볼 때 앱스 스크립트가 자바스크립트를 기반으로 만들어져 있고 HTML과 연동하여 웹페이지를 만들 수 있다는 것을 알 수 있다.

 구글 워크스페이스의 주요 서비스인 드라이브, 설문지, 스프레드시트, 앱스 스크립트에 대해 대략적으로 소개했다. 지금부터는 업무자동화를 위해 알아야 할 주요 서비스의 기능과 사용법에 대해서 좀 더 깊이 있게 학습해보고자 한다.

2.
구글 스프레드시트를 활용한 데이터 기본 작업

구글 스프레드시트의 데이터 구조

스프레드시트의 구조는 기본적으로 행$_{row}$과 열$_{column}$로 이루어진 2차원 배열 형태로 되어 있다. 빈칸에 ROW()와 COLUMN()을 입력하면 행은 아래로 1행, 2행, 3행 식으로 증가하고 열은 상단에는 A, B, C 등 알파벳 형태로 표시되지만 실제로는 우측으로 1열, 2열, 3열 식으로 증가한다.

구글 스프레드시트의 행렬 구조

A1, B1, C1이라고 하는 스프레드시트의 각 칸은 셀cell이라고 한다. 스프레드시트에서는 각 셀에 입력된 값을 기준으로 데이터를 관리한다. 그리고 셀에서 =(등호)를 입력하면 함수(fx)를 호출할 수 있다. 등호 이후에 특정 영문자를 입력하면 해당 영문자로 시작하는 함수 리스트를 볼 수 있다. 만약 좀 더 다양한 함수를 보고 싶다면 상단 탭에서 삽입 〉함수를 선택하면 특정 분야에서 사용하는 함수를 확인할 수 있다.

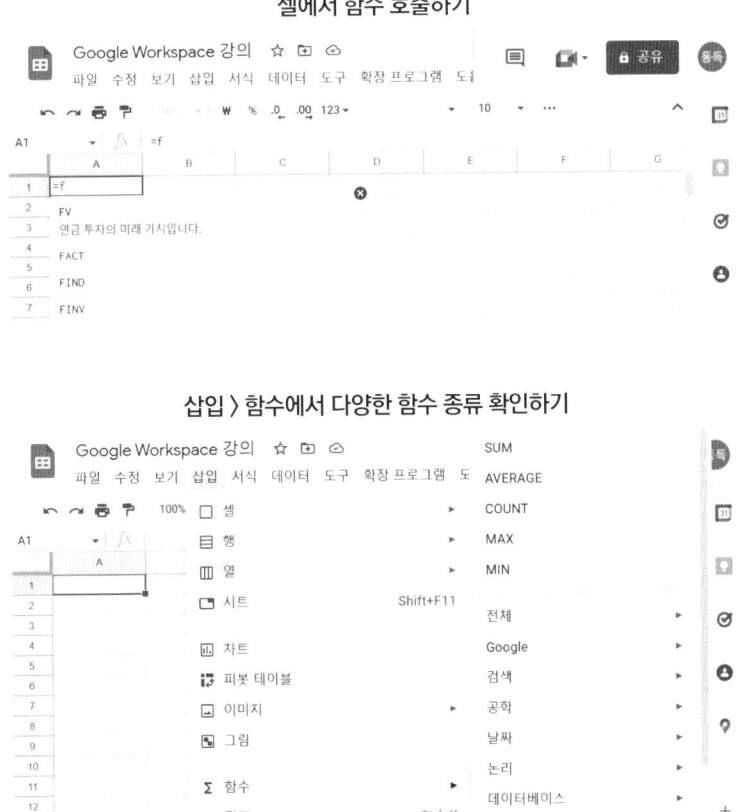

셀에서 함수 호출하기

삽입 〉함수에서 다양한 함수 종류 확인하기

지금까지 스프레드시트의 구조를 간단하게 살펴보았다. 이 책을 보는 많은 분이 이미 엑셀과 구글 스프레드시트는 어느 정도 익숙할 것이라고 생각한다. 그래서 실제 업무를 할 때 많이 사용하는 함수와 알아두면 좋은 꿀팁들을 소개하고자 한다.

ARRAYFORMULA, INDIRECT, COUNTA를 활용한 함수 일괄 적용 방법

필자가 구글 스프레드시트의 매력에 빠지게 된 결정적인 이유는 바로 배열함수ARRAYFORMULA를 제공한다는 점이었다. 그리고 이 배열함수 덕분에 구글 스프레드시트를 데이터베이스로 사용해 다양한 업무자동화 툴을 만들 수 있었다.

많은 분이 엑셀에서 함수를 사용할 때 단일함수를 주로 사용할 것이다. 단일함수는 특정 셀에 입력된 함수가 해당 셀에만 적용되는 함수다. 배열함수는 특정 셀에 입력된 함수가 특정 영역(범위)에 대해서 적용되는 함수다. 두 함수에 대한 차이를 업무상 가장 많이 사용하는 브이룩업VLOOKUP을 기준으로 설명하겠다.

다음 그림 「단일함수 사용 예시」와 같이 A열의 ID 값을 기준으로 B열에 직무 정보를 가져오려고 한다. 이때 D:F열에 있는 데이터에서 A열과 D열의 ID 값이 일치하는 데이터를 가져오고자 한다. 보통 이러한 경우에 VLOOKUP을 많이 사용한다. VLOOKUP은 기본적으로 VLOOKUP(검색할_키, 범위, 색인, [정렬됨])의 구조로 되어 있다. 이에 따라 B2셀에 =VLOOKUP(A2,D:F,3,false)라는 함수를 입력하고 B4셀까지 복사하여 붙여넣기를 할 것이다.

단일함수 사용 예시

	A	B	C	D	E	F
1	ID	직무		ID	부서	직무
2	A01	HR Manager		A01	인사팀	HR Manager
3	B01			A02	마케팅팀	Marketing Manager
4	C01			B01	회계팀	Accounting Manager
5				B02	마케팅팀	Marketing Manager
6				C01	개발팀	Software Developer
7				C02	디자인팀	Designer

B2: `=VLOOKUP(A2,D:F,3,false)`

만약 배열함수를 통해서 동일하게 데이터를 B열에 가져오려면 B2셀에 `=ARRAYFORMULA(VLOOKUP(A2:A,D:F,3,false))`라는 함수를 입력할 수 있다. 해당 함수는 A2셀부터 A열의 마지막 셀까지의 ID 값을 기준으로 VLOOKUP 함수가 실행된다. 여기서 중요한 점은 ARRAYFORMULA는 특정 함수의 지정된 범위를 기준으로 배열을 만드는 함수라는 점이다. 여기에서 VLOOKUP의 검색할 키의 값을 A2가 아니라 A2:A라는 범위를 지정해서 입력했다는 것을 알 수 있다. 여기서 문제는 A열의 범위 전체를 배열함수로 적용하다 보니 A열 중 값이 없는 셀의 경우는 B열에 #N/A라는 오류가 반환되는 문제가 발생하는 것을 확인할 수 있다.

오류를 해결하기 위해서 VLOOKUP 함수에서 검색할 키의 범위

배열함수를 통한 VLOOKUP 예시. #N/A 오류가 발생했다.

	A	B	C	D	E	F
1	ID	직무		ID	부서	직무
2	A01	HR Manager		A01	인사팀	HR Manager
3	B01	Accounting Manager		A02	마케팅팀	Marketing Manager
4	C01	Software Developer		B01	회계팀	Accounting Manager
5		#N/A		B02	마케팅팀	Marketing Manager
6		#N/A		C01	개발팀	Software Developer
7		#N/A		C02	디자인팀	Designer

B2: `=ARRAYFORMULA(VLOOKUP(A2:A,D:F,3,false))`

를 A2:A에서 A2:A4로 변경했다. =ARRAYFORMULA(VLOOKUP(A2:A4,D:F,3,false))로 변경하니 A2에서 A4까지만 함수가 적용되어 #N/A는 사라졌다. 여기서 한 가지 불편한 점은 데이터가 추가될 때마다 적용할 배열의 범위를 직접 변경해야 한다는 것이다. 함수가 적용되는 범위를 직접 입력해야 한다면 배열함수의 사용성이 떨어진다. 그래서 어떻게 하면 함수를 실행할 A열의 범위를 자동으로 계산할 수 있을지에 대해서 고민하게 되었다.

배열함수의 범위를 설정하여 #N/A 오류 해소하기

	A	B	C	D	E	F
1	ID	직무		ID	부서	직무
2	A01	HR Manager		A01	인사팀	HR Manager
3	B01	Accounting Manager		A02	마케팅팀	Marketing Manager
4	C01	Software Developer		B01	회계팀	Accounting Manager
5				B02	마케팅팀	Marketing Manager
6				C01	개발팀	Software Developer
7				C02	디자인팀	Designer

B2 ▼ ƒx =ARRAYFORMULA(VLOOKUP(A2:A4,D:F,3,false))

A열의 데이터가 몇 개 있는지를 알기 위해 지정된 범위의 값이 입력된 셀의 개수를 반환하는 =COUNTA(A:A) 함수를 입력하면 4라는 숫자가 반환되는 것을 확인할 수 있다. 그렇다면 A2:A와 COUNTA(A:A)를 연결하면 원하는 배열의 범위를 지정할 수 있지 않을까? 그런데 A2:A와 COUNTA(A:A)를 직접 연결하면 단순 문자열로 인식되기 때문에 문자열로 된 범위를 지정된 위치 범위로 변환하는 INDIRECT 함수를 사용할 수 있다. =INDIRECT("A2:A"&COUNTA(A:A))를 입력하면 실제로 A2:A4라는 범위를 반환한다. B2셀에 다음 그림과 같이 =ARRAYFORMULA(VLOOKUP(IN

DIRECT("A2:A"&COUNTA(A:A)),D:F,3,false))를 입력하면 A열의 범위가 자동으로 계산되고 B열에 원하는 값이 입력된다. 이후 여러분이 A5셀에 데이터를 입력하면 B5셀에 자동으로 B2셀에 입력된 함수가 적용되어 원하는 값이 입력되는 것을 확인할 수 있다.

INDIRECT와 COUNTA를 활용한 배열의 범위를 설정하기

	A	B	C	D	E	F
1	ID	직무		ID	부서	직무
2	A01	HR Manager		A01	인사팀	HR Manager
3	B01	Accounting Manager		A02	마케팅팀	Marketing Manager
4	C01	Software Developer		B01	회계팀	Accounting Manager
5				B02	마케팅팀	Marketing Manager
6				C01	개발팀	Software Developer
7				C02	디자인팀	Designer

B2 셀: =ARRAYFORMULA(VLOOKUP(INDIRECT("A2:A"&COUNTA(A:A)),D:F,3,false))

배열 함수를 쓰는 것은 두 가지 이유가 있다. 우선 데이터가 추가되면 자동으로 함수가 적용되기 때문이다. 다음은 첫 번째 셀과 마지막 셀에 적용되는 함수가 동일해야 특정 값이 문제가 있는지를 확인할 수 있기 때문이다. 배열함수가 적용되는 범위의 셀을 수정하면 지정된 영역의 함수 전체에 오류가 발생한다. 이를 통해 어떤 문제와 변화가 있는지 쉽게 확인할 수 있다. 그러나 단일함수는 특정 위치의 셀의 함수를 임의로 변경하거나 텍스트로 입력하게 되면 나중에 계산 로직이 바뀌게 되더라도 해당 부분이 적용되지 않아 데이터 오류가 발생할 수 있다. 이러한 데이터 계산 오류는 데이터와 작성자의 신뢰성에 문제가 될 수 있다. 따라서 가능하다면 배열함수를 사용하는 습관을 들이는 것이 좋다.

〔배열함수를 통해서 데이터를 가져오는 꿀팁〕

{ }(중괄호)를 사용해서 새로운 배열을 만들 수도 있다. 다음 그림 「새로운 배열을 만들어서 직무와 부서의 값을 가져오기」와 같이 C열에 부서 정보도 같이 가져오려고 할 때 {E:E,G:G,F:F}를 입력하여 ID, 직무, 부서 순서로 된 새로운 배열을 만들 수 있다. 중괄호는 배열이라는 표시이다. 각 영역이 쉼표(,)로 이어져 있다면 우측으로 연결된 배열이 만들어지고 ;(세미콜론)으로 되어 있다면 아래로 연결된 배열이 만들어진다. 다만 세미콜론으로 아래로 추가되는 배열을 만들 때는 {E:E;G:G;F:F}와 같이 입력하면 각 열의 전체 범위를 아래로 연결하게 된다. 그런데 이는 스프레드시트의 행의 한도를 넘어가기 때문에 #REF! 오류가 발생한다. 그래서 세미콜론으로 배열을 만들 때는 {E2:E7;F2:F7;G2:G7}과 같이 명확하게 범위를 지정해서 연결해야 한다. 그리고 ,(쉼표)로 연결할 때도 연결하는 배열의 크기(행의 개수)가 동일해야 연결이 가능하다.

앞의 그림 「INDIRECT와 COUNTA를 활용한 배열의 범위를 설정하기」처럼 직무, 부서 순서로 값을 가져오려면 =ARRAYFORMULA(VLOOKUP(INDIRECT("A2:A"&COUNTA(A:A)),{E:E,G:G,F:F},{2,3},false)) 함수를 사용할 수 있다. E:F열에 있는 데이터를 ID, 직무, 부서 순서로 가져오기 위해서 {E:E,G:G,F:F} 배열을 만든다. 그리고 A열의 ID를 기준으로 신규로 만든 배열의 {2,3} 값을 가져오라고 작성한다. 그러면 그림 「새로운 배열을 만들어서 직무와 부서의 값을 가져오기」와 같이 새로 만든 배열의 두 번째, 세 번째 위치에 있는 직무와 부서의 값을 한 번에 가져올 수 있다. 보통은 VLOOKUP을 통해서 데이터를 가져올 때 첫 번째 열에 '검색할_키'를 새로 만들고 전체 범위를 지정하고 가져오려는 값의 위치를 손으로 세어서 몇 번째 순서에 있는지를 함수에 입력하는 경우가 많다. 이러한 경우 데이터가 변형되거나 열의 길이가 길면 순서를 확인하기가 매우 번거로워질 수 있다. 그래서 아래의 그림「새로운 배열을 만들어서 직무와 부서의 값을 가져오기」와 같이 ARRAYFOMULA와 중괄호를 잘 활용하면 더욱 쉽게 데이터를 연결할 수 있다.

새로운 배열을 만들어서 직무와 부서의 값을 가져오기

=ARRAYFORMULA(VLOOKUP(INDIRECT("A2:A"&COUNTA(A:A)),{E:E,G:G,F:F},{2,3},false))

A	B	C	D	E	F	G
ID	직무	부서		ID	부서	직무
A01	HR Manager	인사팀		A01	인사팀	HR Manager
B01	Accounting Manager	회계팀		A02	마케팅팀	Marketing Manager
C01	Software Developer	개발팀		B01	회계팀	Accounting Manager
				B02	마케팅팀	Marketing Manager
				C01	개발팀	Software Developer
				C02	디자인팀	Designer

데이터 오류 처리하기: IFERROR

스프레드시트에서 함수를 사용할 때 간혹 오류가 발생한다. 함수 내에 적용된 데이터 형식이 잘못되었거나 데이터에 문제가 있을 때 보통 그림「A4셀의 C03이 F열에 존재하지 않아서 #N/A 오류가 발생한 경우」와 같이 #N/A라는 오류가 표시된다. 검색할_키인 A4셀의 C03이 F열에 존재하지 않기 때문에 발생한 오류이다. 보통 오류가 발생했을 때 #N/A로 두기도 한다. 하지만 SUM(합계), AVERAGE(평균) 등과 같이 숫자를 계산하는 함수의 경우 #N/A 값으로 인해 함수의 결괏값도 #N/A로 표시가 된다. #N/A가 표시되

A4셀의 C03이 F열에 존재하지 않아서 #N/A 오류가 발생한 경우

	A	B	C	D	E	F	G	H
1	ID	점수	구분	값		ID	부서	점수
2	A01	100	SUM	#N/A		A01	인사팀	100
3	B01	90	AVERAGE	#N/A		A02	마케팅팀	80
4	C03	#N/A				B01	회계팀	90
5	C01	75				B02	마케팅팀	70
6						C01	개발팀	75
7						C02	디자인팀	85

B2 =ARRAYFORMULA(VLOOKUP(INDIRECT("A2:A"&COUNTA(A:A)),{F:F,H:H},2,false))

는 오류를 제외한 SUM과 AVERAGE를 구하고 싶거나 #N/A를 다른 값으로 표시하고 싶을 때 사용하는 함수가 IFERROR 함수이다.

IFERROR 함수는 IFERROR(값, 오류인_경우_값)의 형태로 사용할 수 있다. 값이 오류가 없다면 입력된 값이 표시되고 값이 오류가 있다면 오류인_경우_값으로 대체된다. 만약 앞에서 배운 함수를 IFERROR로 처리한다면 VLOOKUP 함수 전부를 IFERROR 값의 영역에 넣고 오류인_경우_값을 원하는 값으로 넣으면 된다. 보통 다음과 같이 두 가지 형태를 사용한다.

=ARRAYFORMULA(IFERROR(VLOOKUP(INDIRECT("A2:A"&COUNTA(A:A)),{F:F,H:H},2,false),))

=ARRAYFORMULA(IFERROR(VLOOKUP(INDIRECT("A2:A"&COUNTA(A:A)),{F:F,H:H},2,false),""))

위와 같이 입력하면 C03의 점수는 다음과 같이 #N/A가 사라지고 SUM과 AVERAGE는 숫자가 있는 A2, A3, A5셀 3개의 점수의 합과 평균이 입력되는 것을 확인할 수 있다.

IFERROR를 활용한 #N/A 값 처리하기

	A	B	C	D	E	F	G	H
1	ID	점수	구분	값		ID	부서	점수
2	A01	100	SUM	265		A01	인사팀	100
3	B01	90	AVERAGE	88.33333333		A02	마케팅팀	80
4	C03					B01	회계팀	90
5	C01	75				B02	마케팅팀	70
6						C01	개발팀	75
7						C02	디자인팀	85

B2: `=ARRAYFORMULA(IFERROR(VLOOKUP(INDIRECT("A2:A"&COUNTA(A:A)),{F:F,H:H},2,false),""))`

    오류인_경우_값이 공백과 ""(큰따옴표)의 차이가 무엇인지 궁금할 수 있다. 보이는 것은 차이가 없지만 실제로는 두 가지 값에 차이가 있다. 문자의 길이를 반환하는 =LEN(텍스트)은 둘 다 0으로 길이의 차이는 없지만 셀의 값이 비어 있는지를 확인하는 =ISBLANK(값) 함수는 공백은 TRUE, ""는 FALSE를 반환한다. 이러한 점을 들어 ""는 비어 보이지만 실제로는 비어 있지 않고 값이 없는 문자로 인식된다는 것을 알 수 있다. 이후에 배울 앱스 스크립트에서 조건문을 사용할 때 두 가지 값의 처리 방법에 다소 차이가 있다. 이 부분은 뒤에서 다룰 것이다.

3. 구글 스프레드시트의 유용한 함수

날짜 타입 데이터 관리하기
: YEAR, MONTH, DAY, WEEKDAY

모든 데이터에는 데이터의 형식이 있다. 보통 이러한 데이터 형식을 데이터 타입data type이라고 부른다. 스프레드시트 상단 탭의 서식에 들어가면 숫자, 텍스트, 날짜, 시간 등의 다양한 데이터 타입을 볼 수 있다. 데이터 타입이 중요한 이유는 컴퓨터는 같은 숫자라고 하더라도 숫자 타입의 숫자와 문자 타입의 숫자를 다르게 인식하기 때문이다.

우선 날짜 타입에 대해서 알아보자. 직장 생활에서 수행하는 많은 업무는 특정 날짜를 기준으로 진행되는 경우가 많다. 입사일, 퇴사일, 지급일, 제출일과 같은 날짜가 있고 그에 따라 몇 개월 또는 몇 년 뒤와 같은 시점을 설정하거나 특정 자료를 날짜순으로 정렬하여 그래프를 그리거나 통계를 내는 경우가 많다. 그래서 날짜

스프레드시트에서 서식을 통해 본 셀의 데이터 타입

타입에 대해서 좀 더 깊이 있게 알아보고자 한다.

먼저 날짜 타입에 대해서 배우기 전에 스프레드시트에 어떤 시간대가 적용되어 있는지 확인해보자. 스프레드시트의 설정으로 가서 시간대가 (GMT+09:00) Seoul로 잘 설정되어 있는지 확인하고 현재 위치에 맞지 않는 시간대라면 변경과 저장을 한 후 새로고침을 한다. 필자는 이전에 스프레드시트의 시간대가 런던London과 도쿄Tokyo로 설정된 적이 있었는데 시스템의 날짜/시간과 시트의 날짜/시간이 달라서 곤욕을 치렀다. 그 후로 날짜 처리를 해야 하는 시트를 생성할 때는 항상 설정된 시간대를 먼저 확인하는 습관이 들었다.

이제 본격적으로 날짜 타입에 대해서 알아보자. 스프레드시트에 날짜를 입력할 때 사용자별로 같은 날짜에 대해서 참으로 다양한 형태로 입력하는 것을 보았을 것이다. 누군가는 2022-6-1로,

스프레드시트의 설정 접근하기

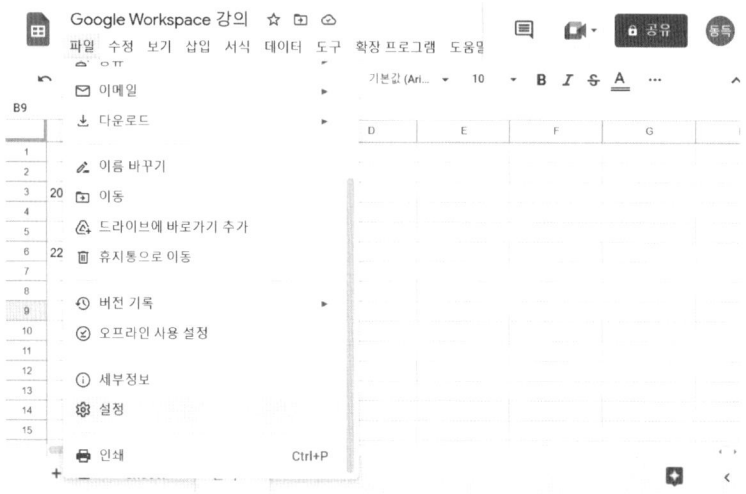

스프레드시트에 설정된 시간대 확인하고 변경하기

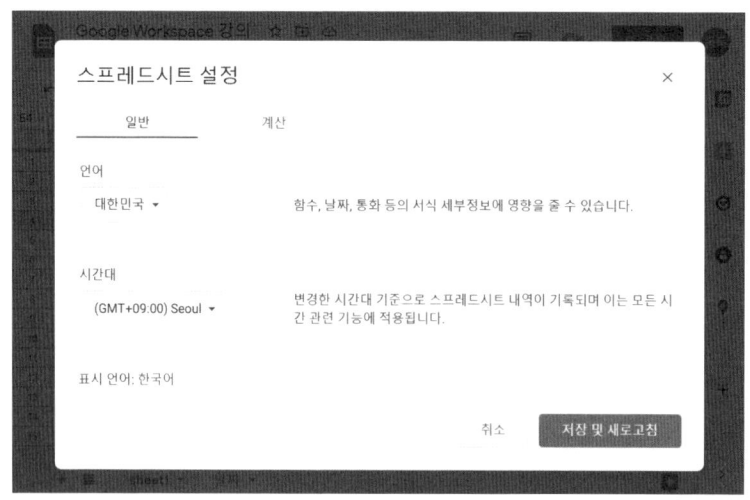

다른 누군가는 2022.6.1로, 또 다른 누군가는 2022/6/1로 날짜를 입력한다. 그런데 이러한 데이터들이 스프레드시트에서 다 날짜로

인식될까? 입력된 데이터가 날짜 타입으로 인식되는지는 다음의 세 가지 방법으로 확인할 수 있다.

- 입력한 값이 문자일 경우 좌측 정렬, 숫자/날짜/시간일 경우 우측 정렬
- ISDATE(값) 함수를 사용할 때 날짜는 TRUE이고 그 이외는 FALSE
- VALUE(텍스트) 함수를 사용할 경우 날짜, 시간, 숫자 문자열을 숫자로 변환

그림 「날짜 타입 확인하기」에서 2022-6-1은 ISDATE가 TRUE이고 VALUE가 44713이라는 숫자로 변환된 것을 확인할 수 있다. 숫자 0을 입력한 셀에서 서식 〉 숫자 〉 날짜를 선택하여 날짜 타입으로 바꾸면 0은 1899.12.30, 숫자 1은 1899.12.31로 변환되는 것을 알 수 있다. 그리고 이를 통해서 특정 숫자를 특정 날짜로 표시할 수 있다는 것도 알 수 있다.

실제 업무를 할 때 날짜를 입력해야 하는 곳에 날짜 타입이 아

날짜 타입 확인하기

	A	B	C
1	날짜	ISDATE	VALUE
2	2022-6-1	TRUE	44713
3	2022.6.1	FALSE	#VALUE!
4	2022/6/1	TRUE	44713
5	22-6-1	TRUE	44713
6	22.6.1	FALSE	#VALUE!
7	22/6/1	TRUE	44713

B2 fx =ISDATE(A2)

니라 문자열 형식의 날짜가 섞어 있어 곤란할 때가 있다. 어떻게 하면 문자열을 날짜 타입으로 변환할 수 있을까? 우선 날짜로 인식되지 않는 값의 패턴이 무엇인지를 파악할 필요가 있다. 보통은 월을 표시하는 양쪽의 구분자가 다른 경우가 있고 구분자가 없는 경우가 있다. 구분자가 다른 경우는 SUBSTITUTE 함수를 사용하여 특정 문자를 원하는 문자로 변경할 수 있다. 기본 공식은 SUBSTITUTE(검색할_텍스트, 검색하려는_문자열, 대체_문자열, [발견되는_횟수])의 형태로 사용된다. 대괄호 안에 표시된 [발견되는_횟수]는 입력하지 않아도 무방하다는 표시이다.

그럼 A2셀에 =SUBSTITUTE(A2,".","-")와 같이 입력하여 A7셀까지 복사할 수도 있고 앞에서 배운 ARRAYFORMULA를 써서 =ARRAYFORMULA(SUBSTITUTE(A2:A7,".","-"))라고 적용하면 A7셀까지 동일한 함수가 적용된다. 문자 "."을 "-"으로 대체했을 뿐인데 모든 데이터를 컴퓨터가 날짜 타입으로 인식하고 YEAR(날짜)로 연도를, MONTH(날짜)로 월을, DAY(날짜)로 일자를 분리할 수 있게 되었다. 보이는 날짜의 형태를 정리하고 싶다면 G2셀에 =DATE(D2,E2,F2)를 입력해서 형태를 바꿀 수 있다. 만약 YEAR, MONTH, DAY를 별도 셀로 만들 이유가 없다면 =DATE(YEAR(B2),MONTH(B2),DAY(B2))로 해서 특정 셀에 바로 날짜 타입의 값을 만들 수 있다.

이렇게 년, 월, 일을 어떻게 만드는지 알아보았다. 그러면 날짜에서 중요한 값인 요일은 어떻게 알 수 있을까? 무슨 요일인지 알기 위해서는 WEEKDAY(날짜, [유형])를 주로 사용한다.

SUBSTITUTE를 활용하여 특정 문자를 원하는 문자로 변경하기

	A	B	C	D	E	F	G
1	날짜	SUBSTITUTE	ISDATE	YEAR	MONTH	DAY	날짜
2	2022-6-1	2022-6-1	TRUE	2022	6	1	2022. 6. 1
3	2022.6.1	2022-6-1	TRUE	2022	6	1	2022. 6. 1
4	2022/6/1	2022/6/1	TRUE	2022	6	1	2022. 6. 1
5	22-6-1	22-6-1	TRUE	2022	6	1	2022. 6. 1
6	22.6.1	22-6-1	TRUE	2022	6	1	2022. 6. 1
7	22/6/1	22/6/1	TRUE	2022	6	1	2022. 6. 1
8							

WEEKDAY(날짜)를 입력하면 1~7까지의 값을 반환한다. 기본 유형인 1의 경우 일요일~토요일 순서로 되어 있다. 만약 주로 사용하는 월요일~일요일 순서로 값을 확인하고 싶다면 WEEKDAY(날짜,2)를 입력한다. 그러면 1은 월요일~7은 일요일로 변경되어 우리가 일반적으로 사용하는 월요일~일요일을 일주일로 하는 값으로 반환된다.

그림 「WEEKDAY 함수를 활용하여 날짜의 요일 정보 확인하기」와 같이 2022-6-1부터 일주일의 요일을 계산하려고 한다면 먼저 =WEEKDAY(A2)로 숫자 값을 확인하고 C2셀에서 E:F열에 입력해둔 요일 기준을 VLOOKUP으로 연결하면 된다. 요일 기준은 WEEKDAY의 [유형]을 따로 입력하지 않았기 때문에 1(일요일)~7(토요일)로 된 요일 기준으로 E:F열과 같이 만들 수 있다.

일반적으로 과제를 수행할 때 단계별 목표일을 지정하고 목표일과 오늘 날짜의 차이를 기준으로 어떠한 업무를 시작해야 할지에 대한 계획을 세우는 경우가 많다. 오늘 날짜는 =TODAY()를 통해서 언제인지 알 수 있다. 날짜의 차이를 기준으로 업무를 진행할 시점을 확인하는 방법을 알아보자.

WEEKDAY 함수를 활용하여 날짜의 요일 정보 확인하기

	A	B	C	D	E	F	G
1	날짜	WEEKDAY	요일		NUM	요일	
2	2022-06-01	4	수		1	일	
3	2022-06-02	5	목		2	월	
4	2022-06-03	6	금		3	화	
5	2022-06-04	7	토		4	수	
6	2022-06-05	1	일		5	목	
7	2022-06-06	2	월		6	금	
8	2022-06-07	3	화		7	토	

날짜의 차이 계산하기

: DATEDIF, EDATE, EOMONTH, WEEKNUM

날짜의 차이는 YEAR, MONTH, DAY로 구분할 수 있다. 만약 직장에서 입사 후 특정 시점이 지난 사람들을 대상으로 이벤트를 할 때 주로 입사 후 몇 년, 몇 달, 며칠 등을 기준으로 날짜의 차이를 계산하여 대상자를 선정할 것이다. 이럴 때 날짜의 차이를 확인하기 위해서 =DATEDIF(시작일, 종료일, 단위) 함수를 사용할 수 있다. 단위가 'Y'일 경우 연수, 'M'일 경우 월수, 'D'일 경우 일수의 차이를 보여주고 시작일이 종료일보다 뒤면 #NUM 오류가 발생한다.

그림 「DATEDIF를 활용한 시작일과 종료일의 차이」와 같이 시작일을 2022-1-1로 하여 종료일과 날짜의 차이를 년/월/일을 보여주는 함수를 만들었다. 여기서 가장 먼저 확인해야 하는 부분은 1년, 1달의 값이 변하는 시점이 언제인가이다. 예를 들어 근무 기간이 2022-01-01~2022-12-31로 1년을 채웠을 때

- 1년이 완성되는 2022-12-31부터 1년이 증가하는 것으로 표현할 수 있다.

- 1년이 완성되는 다음 날인 2023-01-01부터 1년이 증가하는 것으로 표현할 수 있다.

DATEDIF를 활용한 시작일과 종료일의 차이(숫자는 익일에 증가)

	A	B	C	D	E
1	시작일	종료일	YEAR_GAP	MONTH_GAP	DAY_GAP
2	2022-01-01	2022-01-01	0	0	0
3	2022-01-01	2022-12-31	0	11	364
4	2022-01-01	2023-01-01	1	12	365
5	2022-01-01	2023-01-02	1	12	366
6	2022-01-01	2023-12-31	1	23	729
7	2022-01-01	2024-01-01	2	24	730
8	2022-01-01	2024-01-02	2	24	731

이렇게 구글 스프레드시트에서 날짜의 차이를 =DATEDIF(A2,B2,"Y")로 확인하면 1년이 완성되는 다음 날인 2023-01-01부터 1년이 증가하는 형태이다. 월 단위도 동일하게 익일부터 1달이 증가하는 형태로 되어 있다.

그러면 1년이 완성되는 2022-12-31부터 1년이 증가하는 형태로 표현하려면 어떻게 해야 할까? 앞에서 설명했듯이 날짜의 실제 값은 숫자이기 때문에 =DATEDIF(A2,B2+1,"Y")와 같이 종료일에 +1을 하면 만근을 달성한 시점부터 1년이 증가하는 형태로 구현할 수 있다.

대상자를 선정할 때 조건이 1년이 되는 날 또는 1년이 된 다음 날인지에 따라서 그림 「DATEDIF를 활용한 시작일과 종료일의 차이」와 같이 날짜의 차이를 계산할 수 있으니 해당 내용을 참고해보자.

DATEDIF와 같이 직접적으로 두 날짜의 차이를 비교할 수도 있고 특정 날짜로부터 며칠 전/후, 몇 개월 전/후, 몇 년 전/후 등의 계산이

1년 만근일 때 숫자가 증가하는 함수 구현하기

	A	B	C	D	E
1	시작일	종료일	YEAR_GAP	MONTH_GAP	DAY_GAP
2	2022-01-01	2022-01-01	0	0	1
3	2022-01-01	2022-12-31	1	12	365
4	2022-01-01	2023-01-01	1	12	366
5	2022-01-01	2023-01-02	1	12	367
6	2022-01-01	2023-12-31	2	24	730
7	2022-01-01	2024-01-01	2	24	731
8	2022-01-01	2024-01-02	2	24	732

C2 수식: =DATEDIF(A2,B2+1,"Y")

필요한 경우도 생긴다. 며칠 전/후는 단순하게 날짜 타입의 셀에 + 또는 -며칠을 하면 된다. +10을 하면 10일이 더해지고 -10을 하면 10일이 줄어든다. 월은 28일, 29일, 30일, 31일 등 특정 월의 날짜의 차이가 있기 때문에 단순하게 + 또는 -를 해서 계산할 수 없다. 이럴 때, EDATE(시작일,[개월 수]) 함수를 사용한다. =EDATE(TODAY(),1)은 오늘부터 1개월 뒤, =EDATE(TODAY(),-1)은 오늘부터 1개월 전, =EDATE(TODAY(),12)는 오늘부터 1년 뒤, =EDATE(TODAY(),-12)는 오늘로부터 1년 전과 같이 날짜를 만들 수 있다.

그림 「EDATE를 활용하여 특정일로부터 N개월 전/후의 날짜 계산하기」는 A2셀의 날짜를 기준으로 1, 3, 12개월 전/후를 구현한 것이다. A2셀이 $A$2로 표시되어 있는데 $는 각 행렬의 절대 위치를 고정하는 형태로 해당 셀을 드래그 앤 드롭(drag & drop, 끌어서 놓기)을 하더라도 해당 위칫값이 변함없이 고정되는 장점이 있다.

이렇게 각 날짜의 차이와 특정 일자로부터 몇 개월 전/후를 구하는 함수에 대해서 배워보았다. 실제 회사에서 날짜의 차이를 기준으로 업무를 하는 경우도 있지만 특정 업무는 월초와 월말에 이루어지는 경우가 많다. 월초는 모두 1일로 동일한 형태이지만 월말

EDATE를 활용하여 특정일로부터 N개월 전/후의 날짜 계산하기

	A	B	C	D	E	F	G
1	날짜	1개월 전	3개월 전	1년 전	1개월 후	3개월 후	1년 후
2	2022-01-01	2021-12-01	2021-10-01	2021-01-01	2022-02-01	2022-04-01	2023-01-01

B2 =EDATE($A2,-1)

은 28일, 29일, 30일, 31일로 변동성이 있어서 파악하기가 쉽지 않다. 이럴 때 EOMONTH(시작일, 개월 수)로 특정 일자의 월말의 날짜를 알 수 있다. 개월 수에 -1을 입력하면 전월의 마지막 날, 0을 입력하거나 공백으로 두면 당월의 마지막 날, 1을 입력하면 익월의 마지막 날을 구할 수 있다.

EOMONTH를 활용하여 특정일의 N개월 전/후의 마지막 일자 계산하기

	A	B	C	D
1	날짜	EOMONTH($A2,-1)	EOMONTH($A2,0)	EOMONTH($A2,1)
2	2022-06-02	2022-05-31	2022-06-30	2022-07-31

B2 =EOMONTH($A2,-1)

만약 특정 월의 첫째 날을 구하고 싶다면 어떻게 할 수 있을까? 그림 「날짜 타입 확인하기」에서 보았듯이 날짜는 시스템상에서 숫자로 관리되고 있다. 날짜에서 특정 숫자를 더하거나 빼면 그 숫자만큼 일자가 증가하거나 감소한다. 그러면 마지막 일자+1일이 되면 결국 다음 달의 첫째 날이 된다. 그래서 EOMONTH(시작일,개

EOMONTH를 활용하여 특정일의 N개월 전/후의 첫째 날 계산하기

	A	B	C	D
1	날짜	EOMONTH($A2,-1)+1	EOMONTH($A2,0)+1	EOMONTH($A2,1)+1
2	2022-06-02	2022-06-01	2022-07-01	2022-08-01

B2 =EOMONTH($A2,-1)+1

월 수-1)+1을 한다면 그림 「EOMONTH를 활용하여 특정일의 N개월 전/후의 첫째 날 계산하기」와 같이 특정 월의 첫째 날을 구할 수 있다.

그리고 간혹 격주 단위로 업무를 진행해야 하는 경우도 생긴다. 2주마다 진행하는 경우도 있고 특정 월의 2주 차, 4주 차처럼 월 단위 격주로 진행하는 경우도 생긴다. 그러면 이러한 주차를 어떻게 계산할 수 있을까? 입력된 날짜가 한 해 중 몇 주 차인지 알고 싶을 때 WEEKNUM(날짜, [유형])을 사용한다. 유형은 한 주가 시작되는 요일을 나타내는데 1=일요일, 2=월요일을 나타낸다. 입력하지 않으면 유형 1인 일요일을 한 주의 첫 번째로 계산한다.

WEEKNUM을 사용하여 2022년도 주차 확인하기

	A	B	C	D	E	F	G
	날짜	주차	날짜	주차	날짜	주차	
1	2022-01-01	1	2022-06-01	23	2022-12-31	53	

B2 ▼ fx =WEEKNUM(A2)

그림 「WEEKNUM을 사용하여 2022년도 주차 확인하기」는 WEEKNUM을 활용하여 특정일이 2022년의 몇 주 차인지 확인한 것으로 2022년 마지막 날은 53주 차임을 알 수 있다.

WEEKNUM을 사용하면 2022년 전체 기간의 주차만을 알 수 있다. 만약 특정 월의 몇 주 차인지도 알고 싶을 때는 어떻게 해야 할까? 이럴 때는 WEEKNUM과 EOMONTH를 활용하면 계산할 수 있다.

- 함수: =WEEKNUM(날짜)-WEEKNUM(EOMONTH(날짜,-1)+1)+1

WEEKNUM은 구하고자 하는 날짜가 당해 몇 주 차인지 알 수 있고 EOMONTH(날짜,-1)+1은 앞에서 설명한 것처럼 특정 월의 첫째 날을 알 수 있다. 구하고자 하는 날짜가 1주 차이면 빼기를 할 때 0이 될 수 있어서 +1을 하여 1주 차임을 나타낸다.

WEEKNUM과 EOMONTH를 활용한 특정 월의 주차 계산

	A	B	C
1	날짜	요일	주차
2	2022-05-31	화	5
3	2022-06-01	수	1
4	2022-06-05	일	2
5	2022-06-11	토	2

날짜를 다루는 법을 알아보았다. 업무 수행의 시작을 특정 날짜를 조건으로 하여 진행되는 부분이 많아 앞으로 알아볼 업무자동화에서 시작 조건으로 날짜를 다루는 법이 유용하게 사용될 수 있을 것이다.

데이터 조작하기
: SPLIT, TRANSPOSE, TRIM, SUBSTITUTE

지금부터는 스프레드시트에 있는 데이터들을 원하는 형태로 만드는 방법에 대해서 알아보자. 데이터를 다룰 때 가끔 원하는 형태로 값을 추출하고 싶을 때가 있다. 엑셀에서는 이럴 때 LEFT, MID,

RIGHT와 FIND 함수를 조합해서 데이터를 추출한다. 이 방식은 함수를 쓸 때 불편함이 있다. 그래서 구글 스프레드시트에서 제공하는 SPLIT 함수를 사용하여 데이터에서 원하는 값을 좀 더 쉽게 추출해보자.

예를 들어 A열에 있는 이메일 주소에서 ID와 도메인을 구분해야 한다면 이전에는 해당 값을 원하는 형태로 구분하기 위해서 =LEFT(A2,FIND("@",A2)-1)이라는 함수를 사용했을 것이다. 만약 myid@gmail.com이라는 메일이 있다면 FIND를 활용해서 @의 위치인 5를 찾고 LEFT로 @ 바로 앞에 있는 4개의 문자를 반환하면 원하는 myid라는 값을 추출할 수 있다. 도메인은 =RIGHT(A2,LEN(A2)-FIND("@",A2)) 함수를 사용해서 gmail.com이라는 도메인을 추출할 수 있다. RIGHT 함수는 특정 문자열의 값을 오른쪽부터 가져올 수 있는데 전체 길이에서 @까지의 길이를 빼면 도메인의 길이를 계산해서 값을 반환할 수 있다. 이러한 함수는 사용하기에 번거롭고 만약 날짜와 같이 '-'를 중심으로 년, 월, 일을 분류한다면 더 복잡한 함수를 만들어야 한다. 구글 스프레드시트에서는 SPLIT 함수를 사용하여 원하는 결과를 얻을 수 있다.

SPLIT 함수는 SPLIT(텍스트, 구분자, [각_문자에서_분할], [remove_empty_text])와 같이 사용할 수 있다. 보통 구분하고자 하는 구분자가 이메일의 @처럼 1문자라면, =SPLIT(A2,"@")와 같이 입력하면 myid와 gmail.com이 각각 분리되는 것을 확인할 수 있다. 그런데 만약 gmail이라는 값을 기준으로 분리하고 싶다면 =SPLIT(A2,"gmail",FALSE)와 같이 FALSE를 꼭 넣어주어야 한다.

기본적으로 SPLIT은 구분자인 gmail을 g,m,a,i,l과 같이 각 문자 기준으로 텍스트를 분할하기 때문에 FALSE로 하여 gmail을 한 개의 구분자로 인식하도록 처리해야 원하는 값을 얻을 수 있다.

만약 A2셀에 2022-06-01이라는 날짜가 있는 경우 =SPLIT(A2,"-")과 같이 입력하면 2022,6,1이라는 YEAR, MONTH, DAY가 분리되어 입력되는 것을 확인할 수 있다. 이렇듯 특정 구분자를 이용해서 데이터를 분리하기 위해서 SPLIT 함수를 사용하면 원하는 결과를 더욱 쉽게 얻을 수 있다.

가끔 데이터를 취합할 때 데이터의 행렬이 반대로 되어 있어서 하나씩 손으로 다시 입력했던 경험을 해보았을 것이다. 몇 개 되지 않는다면 입력이 어렵지는 않지만 엄청나게 많은 양의 데이터의 행렬이 반대일 때는 난감할 것이다. 이럴 때 TRANSPOSE(배열_또는_범위)라는 함수를 사용할 수 있다. 간단히 이야기해서 지정된 배열이나 범위의 행 또는 열을 바꾸는 함수라고 보면 된다.

앞에서 배열함수에 대해서 다룰 때 썼던 ID, 이름, 점수 데이터가 A2:C6의 범위에 있다. 해당 배열을 =TRANSPOSE(A2:C6)을 하면 그림 「TRANSPOSE를 활용한 행렬 변경」과 같이 변경된다. 만약 TRANSPOSE 이후 값의 범위를 TRANSPOSE를 하면 원래의 입력값 형태의 데이터로 다시 변경할 수 있다. 이렇게 TRANSPOSE는 행렬을 변경할 때 필요한 유용한 함수이다.

이번에는 데이터의 공백을 처리하는 TRIM 함수에 대해서 알아보자. 엑셀이나 스프레드시트를 다룰 때 가장 많이 사용하는 함수는 VLOOKUP이다. 여러 데이터를 연결할 때 유용하고 많이 사용

TRANSPOSE를 활용한 행렬 변경

	A	B	C	D	E	F	G	H	I
1	입력값				TRANSPOSE 후				
2	ID	이름	점수		ID	A01	A02	B01	B02
3	A01	인사팀	100		이름	인사팀	마케팅팀	회계팀	마케팅팀
4	A02	마케팅팀	80		점수	100	80	90	70
5	B01	회계팀	90						
6	B02	마케팅팀	70						

E2 셀: =TRANSPOSE(A2:C6)

하여 익숙한 함수이기 때문일 것이다. 그런데 가끔 VLOOKUP을 사용할 때 분명히 데이터의 값이 동일한데 가져오지 못하는 경우가 있어서 확인하면 대부분이 값의 양 끝에 공백space이 들어 있는 경우였다. 값을 입력할 때 습관적으로 스페이스바를 눌러서 공백을 만드는 경우가 종종 있다. 그럼 이럴 때 어떻게 처리하면 좋을까? 만약 양쪽에 공백이 필요 없는데 들어갔다면 TRIM(텍스트) 함수를 사용할 수 있다.

그림 「TRIM을 활용한 공백 제거」에서 TEXT를 보면 같은 데이터로 보이나 TEXT의 길이는 다 다르다. 해당 차이는 공백의 유무이고 TRIM을 사용하니 데이터의 길이가 3으로 동일하게 표시가 되어 같은 값으로 인식된다. 만약 VLOOKUP에서 검색할_값이 시스템 데이터가 아니라면 TRIM을 써서 양쪽 공백을 제거한 후 데

TRIM을 활용한 공백 제거

	A	B	C	D	E
1	TEXT	LEN	INFO	TRIM	LEN
2	데이터	3	공백 X	데이터	3
3	데이터	4	왼쪽 공백	데이터	3
4	데이터	4	오른쪽 공백	데이터	3
5	데이터	5	양쪽 공백	데이터	3

D2 셀: =TRIM(A2)

이터를 연결하면 더욱 원활하게 원하는 결과를 가져올 수 있다.

가끔 데이터에서 특정 값을 바꾸어야 하는 경우도 있다. 이럴 때는 단축키 CTRL+F(찾아서 바꾸기)로 데이터를 바꿀 수 있다. 하지만 그러면 원래의 데이터가 변경되어서 이력 관리에 문제가 발생할 수 있다. 이때 사용할 수 있는 함수는 SUBSTITUTE(검색할_텍스트, 검색하려는_문자열, 대체_문자열, [발견되는_횟수])이다.

그림 「SUBSTITUTE를 활용한 데이터 변경」은 =SUBSTITUTE(A2,"구글","GOOGLE")를 활용하여 A2셀에 있는 구글이라는 단어를 영문 GOOGLE로 변경하는 함수이다. 기본적으로는 A2셀 텍스트에서 구글이라는 단어는 전부 다 GOOGLE로 바꾼다. 그런데 만약 [발견되는_횟수] 값에 2를 넣으면 두 번째에 발견되는 구글, 3을 넣으면 세 번째에 발견되는 구글이라는 단어만 GOOGLE로 변경할 수 있다. 하지만 잘 사용하지는 않는다.

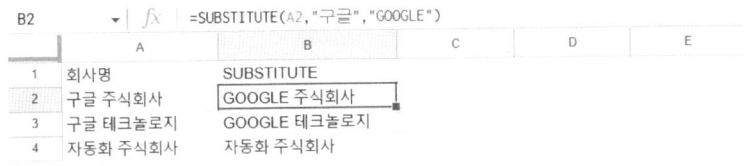

SUBSTITUTE를 활용한 데이터 변경(구글 → GOOGLE)

SUBSTITUTE와 유사한 REPLACE 함수도 특정 문자를 대체 문자로 바꾸는 기능이 있는데 REPLACE(텍스트, 위치, 길이, 새_텍스트)의 형태로 사용된다. SUBSTITUTE가 텍스트 내의 특정 문자를 바꾼다면 REPLACE는 함수 사용법에서 알 수 있듯이 텍스트의 특정 위치 구간의 값을 바꾸는 함수이다. 명확한 위칫값을 대체한다면 사용할 수 있다. 그러나 실제 업무용 데이터는 REPLACE로 텍스트를 바꿀 때 패턴에 적용되지 않는 예외 케이스들이 많을 수 있다. 따라서 사용하기 전에 입력된 데이터의 패턴을 잘 파악해서 사용 여부를 결정하길 바란다.

데이터 가져오기: IMPORTRANGE, FILTER, QUERY

개인적으로 엑셀 대신 구글 스프레드시트를 사용하는 이유 중 하나가 IMPORTRANGE 함수 때문이다. 엑셀의 경우 현재 서비스형 소프트웨어SaaS 기반의 웹 버전이 있기는 해도 기본적으로는 개인 컴퓨터에서 작업하고 첨부파일로 공유하는 방식으로 업무를 하는 것이 일반적이다. 그러다 보니 최종 데이터가 무엇인지 알 수 없어 협업할 때 어려움이 있다. 그렇다고 웹 버전 사용을 강요하기도 어려운 것이 현실이다.

IMPORTRANGE는 다른 스프레드시트에 있는 특정 범위의 데이터 값을 실시간으로 연결하는 함수이다. 보통 VLOOKUP을 쓸 때 같은 스프레드시트에 연결하려는 데이터를 복사하여 붙여넣기copy & paste를 한 다음에 연결했을 것이다. 데이터가 업데이트되면 같은 작업을 계속해서 반복하는 형태로 진행해야 하고 실시간으로 변경되는 정보가 누락되는 문제가 발생할 수도 있다. 이런 경우 특정 데이터가 실시간으로 연결되면 참 좋겠다고 생각하게 되는데 이러한 기능을 지원하는 함수가 IMPORTRANGE이다.

IMPORTRANGE 함수는 IMPORTRANGE(스프레드시트_URL,

범위_문자열)의 형태로 사용할 수 있다. 스프레드시트_URL은 가져오고 싶은 스프레드시트의 브라우저 상단 주소를 복사하여 붙여넣기 하면 되며 범위_문자열은 "시트명!A:D"와 같이 스프레드시트 하단의 시트 명과 가져오길 희망하는 열의 시작:열의 마지막을 입력하면 된다.

만약 특정 스프레드시트의 SHEET1의 A에서 C열까지를 가져오려고 한다면 다음과 같이 입력하면 SHEET1의 A:C열의 데이터가 바뀌더라도 내가 작업하는 시트에 실시간으로 반영된다.

=IMPORTRANGE("https://docs.google.com/spreadsheets/d/1ohUDaHxIYuIP9Sg80_MQ2ExvguwL-fOAgRIWmbTIOtg/edit#gid=1970254590","SHEET1!A:C")

IMPORTRANGE를 활용한 데이터 가져오기

	A	B	C	D	E	F	G
1	ID	부서	점수				
2	A01	인사팀	100				
3	A02	마케팅팀	80				
4	B01	회계팀	90				
5	B02	마케팅팀	70				
6	C01	개발팀	75				
7	C02	디자인팀	85				

데이터를 가져왔다면 특정 조건에 맞는 데이터만 보고 싶을 수 있다. 이때는 필터FILTER 함수를 통해서 원하는 데이터를 가져올 수 있다. 구글 스프레드시트는 엑셀과 달리 쿼리QUERY 함수도 지

원되는데 FILTER만으로도 원하는 효과를 대부분 달성할 수 있다. 여기서는 FILTER 함수만 다루겠다. FILTER(범위, 조건1, [조건2, …])로 조건에 맞는 데이터만 가져올 수 있다.

이제 앞의 그림 「IMPORTRANGE를 활용한 데이터 가져오기」에서 가져온 IMPORTRANGE 시트의 데이터에서 80점 이상인 사람들의 정보만 가져오려고 한다. 먼저 1행의 칼럼 제목을 붙여넣기 하고 A2셀에 =FILTER(IMPORTRANGE!A:C,IMPORTRANGE!C:C>=80,IMPORTRANGE!C:C<=100)를 입력한다. 최고점이 100점인데 C1셀의 점수라는 문자가 숫자보다 크다고 인식되어서 범위를 제한하는 것이 좀 더 유용하다.

FILTER를 활용하여 조건에 맞는 데이터 가져오기

	A	B	C
1	ID	이름	점수
2	A01	인사팀	100
3	A02	마케팅팀	80
4	B01	회계팀	90
5	C02	디자인팀	85

그리고 점수를 기준으로 값을 가져오면 고득점자순으로 값을 정리하는 것이 데이터를 보는 관점에서는 좀 더 유용할 수 있다. 이럴 경우에 소트SORT 함수를 함께 사용한다. SORT(범위, 열_정렬, 오름차순, [열_정렬2,…], [오름차순2,…])의 형태로 사용할 수 있다. 열_정렬은 정렬하고자 하는 열이 범위의 몇 번째 열인지를 입

SORT를 활용하여 고득점자 기준으로 정렬하기

	A	B	C	D	E	F	G
1	ID	이름	점수				
2	A01	인사팀	100				
3	B01	회계팀	90				
4	C02	디자인팀	85				
5	A02	마케팅팀	80				
6							
7							

A2 =SORT(FILTER(IMPORTRANGE!A:C,IMPORTRANGE!C:C>=80,IMPORTRANGE!C:C<=100),3,FALSE)

력한다. 위의 점수는 범위의 세 번째 열이 된다. 그리고 오름차순은 TRUE면 오름차순, FALSE면 내림차순으로 정렬이 된다. 점수가 높은 순서에 따라 정렬할 때 FALSE를 입력하면 고득점자순으로 정렬된다. 예컨대 =SORT(FILTER(IMPORTRANGE!A:C,IMPORTRANGE!C:C>=80,IMPORTRANGE!C:C<=100),3,FALSE)와 같이 입력하면 점수가 80점 이상인 사람들의 높은 순서대로 정렬된다.

특정 조건에 맞는 데이터를 가져올 때 FILTER 함수만으로도 구현할 수 있지만 좀 더 복잡한 조건의 데이터를 다룰 때는 QUERY 함수를 사용하는 게 보다 효과적이다. 프로그래밍에 관심이 있는 분들이라면 SQL(Structured Query Language, 구조적 QUERY 언어)에 대해서 들어봤을 것이다. SQL은 관계형 데이터베이스에서 데이터를 저장하고 처리하기 위해 사용하는 프로그래밍 언어이다. 관계형 데이터베이스는 엑셀이나 스프레드시트와 같이 데이터가 하나 이상의 행과 열로 구성된 테이블에 저장되어 서로 다른 데이터베이스가 어떤 관계가 있는지 사전에 정의된 관계를 중심으로 쉽게 파악하고 이해할 수 있게 구성된 데이터베이스를 의미한다.

스프레드시트에서 지원하는 QUERY 함수는 기본적으로 SQL과 유사한 방식으로 사용할 수 있다. 여기에서는 QUERY 함수를 통해서 조건에 맞는 데이터를 가져오고 정렬하는 방법에 대해서 알아보자.

수식에서 =QUERY를 입력하면 QUERY(데이터, 검색어, [헤더])와 같은 형태로 사용할 수 있다. 여기서 데이터는 가져오고 싶은 데이터의 범위를 나타내고 검색어는 SQL, [헤더]는 '데이터' 상단의 헤더(열 이름)의 개수를 나타낸다. 헤더의 기본값은 1로 입력하지 않더라도 첫 번째 줄을 데이터가 아니라 열의 이름으로 인식한다. 만약 열의 이름이 두 번째부터 시작한다면 헤더에 2를 입력하면 된다. 그림「SORT를 활용하여 고득점자 기준으로 정렬하기」와 동일한 결과를 QUERY로 구현해보자.

수식 창에 =QUERY(IMPORTRANGE!A:C,"SELECT * WHERE C>=80 ORDER BY C DESC")와 같이 함수를 입력할 수 있다. QUERY에서 첫 번째 입력 항목인 데이터는 기존에 사용했던 IMPORT RANGE!A:C 범위를 동일하게 지정했다. 두 번째 항목에 입력된 SELECT는 SQL에서 데이터를 가져오는 데 사용하는 기본적인 조회문의 형태이다. SELECT에서 데이터를 불러올 때 사용하는 *는 모든 칼럼을 가져오라는 표현이며 여기에서 SELECT * 대신에 SELECT A, B, C를 사용해도 동일한 결과를 얻을 수 있다. 만약 ID와 이름만 가져오고 싶다면 SELECT A, B를 입력하면 된다. SELECT문에서 입력하는 A와 B는 QUERY에 입력된 데이터의 A열과 B열을 지칭하는 표현이다. 그리고 WHERE는 조건문이라고 하는데 WHERE

C>=80은 C열에서 80점 이상인 조건을 충족하는 데이터를 가져오라는 표현이다. 마지막으로 ORDER BY C DESC에서 ORDER BY C는 C열의 값을 기준으로 오름차순으로 정렬하라는 표현이다. 여기서 DESC를 입력하면 정렬 기준이 오름차순이 아니라 내림차순으로 정렬하라는 표현이다. 입력된 QUERY의 결과는 그림 「QUERY를 활용하여 고득점자 데이터를 가져온 후 정렬하기」와 같다. 그림 「SORT를 활용하여 고득점자 기준으로 정렬하기」에서 FILTER와 SORT의 조합으로 만든 결과와 일치한다.

여기까지만 보면 FILTER와 QUERY가 큰 차이가 없다고 생각할 수 있다. 그런데 QUERY는 SQL을 지원하기 때문에 FILTER보다 훨씬 사용 범위가 넓고 다중 조건의 데이터를 가져올 때 FILTER보다 간편하게 데이터를 가져올 수 있다. FILTER는 기본적으로 추가되는 조건 사이의 관계가 AND 조건을 기본으로 한다. 조건이 늘어나면 조건을 모두 만족하는 데이터를 가져온다. 만약 OR 조건을 가져오려면 배열함수를 활용하거나 좀 더 복잡한 형태로 처리해야 한다. 그에 반해 QUERY는 다중 조건을 WHERE 조건문 내에서

QUERY를 활용하여 고득점자 데이터를 가져온 후 정렬하기

	A	B	C
1	ID	부서	점수
2	A01	인사팀	100
3	B01	회계팀	90
4	C02	디자인팀	85
5	A02	마케팅팀	80

=QUERY(IMPORTRANGE!A:C,"SELECT * WHERE C>=80 ORDER BY C DESC")

간단하게 처리할 수 있다. 아래의 표 「WHERE 조건문의 사용법과 조건문의 의미」는 QUERY에서 주로 사용되는 WHERE 조건문의 사용법과 그 의미에 대해서 정리한 것이다.

WHERE 조건문의 사용법과 조건문의 의미

기준	WHERE 조건문	조건문의 의미
등호	WHERE A ='인사'	A열의 값이 '인사'인 데이터
부등호	WHERE A !='인사' WHERE A <>'인사'	A열의 값이 '인사'가 아닌 데이터
AND	WHERE A ='인사' AND B >70	A열의 값이 '인사'이고 B열이 70보다 큰 데이터
OR	WHERE A ='인사' OR B >70	A열의 값이 '인사'이거나 B열이 70보다 큰 데이터
AND/OR	WHERE (A ='인사' OR A ='재무') AND B >70	A열의 값이 '인사' 또는 '재무'이고 B열이 70보다 큰 데이터
IS NULL	WHERE A IS NULL	A열이 공백인 데이터
IS NOT NULL	WHERE A IS NOT NULL	A열이 공백이 아닌 데이터

위의 표에서 WHERE 조건문에서 문자를 사용할 때는 ''(작은따옴표)를 활용하여 문자를 표시한다는 것을 알 수 있다. QUERY 함수에서 SELECT문을 전체적으로 ""(큰따옴표)로 묶는데 프로그래밍에서는 문자를 표현할 때 큰따옴표 또는 작은따옴표를 사용한다. 만약 전체를 큰따옴표로 감싼다면 큰따옴표 내부의 문자는 구분을 위해서 작은따옴표를 사용하여 문자를 처리하는 방법을 일반적으로 사용하고 있다. 그리고 다중 조건을 처리할 때는 먼저 실행이 필요한 구문을 ()(소괄호)를 사용하여 묶으면 원하는 조건에 맞는 데이터를 조회할 수 있다. 보통 같은 열에서 복수의 데이터 조건을 사

용하기 위해서 OR 조건을 사용한 후에 소괄호로 묶고 다른 열과는 AND 조건으로 묶어서 다중 조건을 만족하는 데이터를 추출한다.

추가로 실무에서는 FILTER와 QUERY 함수로 데이터를 가져올 때 필요에 따라서 기준이 되는 값을 변경해야 하는 경우가 종종 생긴다. 이럴 때 함수를 직접 수정하기보다는 조회 화면에서 변경해야 하는 값을 조회 조건으로 지정하고 해당 값을 셀에서 수정할 수 있는 형태로 구성하는 게 관리 측면에서 쉽다. 그리고 스프레드시트에서 문자끼리 연결하거나 문자와 참조 범위를 연결할 때는 다음 그림 「QUERY 함수에서 기준 점수를 조회 조건으로 만들기」와 같이 &를 사용하면 연결된 하나의 문자열로 처리할 수 있다. WHERE 절의 비교 값을 F1로 참조 범위를 지정했고 F1의 값을 수정하면 수정된 점수를 기준으로 A:C의 조회 결과가 변경될 것이다.

QUERY 함수에서 기준 점수를 조회 조건으로 만들기

	A	B	C	D	E	F
1	ID	부서	점수		기준 점수	80
2	A01	인사팀	100			
3	B01	회계팀	90			
4	C02	디자인팀	85			
5	A02	마케팅팀	80			

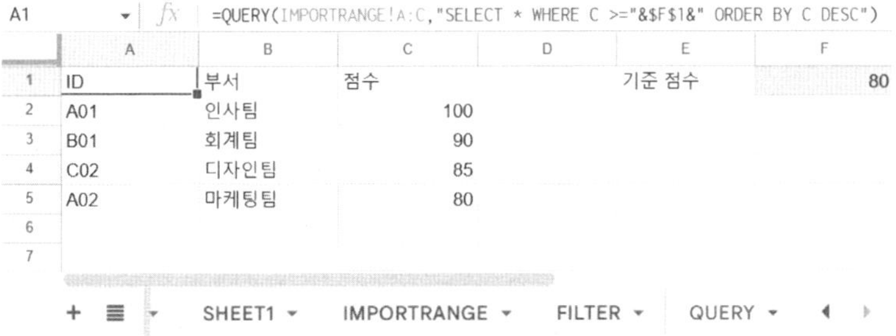

A1: `=QUERY(IMPORTRANGE!A:C,"SELECT * WHERE C >="&$F$1&" ORDER BY C DESC")`

IMPORTRANGE, FILTER, QUERY를 활용하여 원하는 데이터를 가져오는 방법에 대해서 알아보았다. 현재 작업하는 스프레드시트가 아니라 외부 스프레드시트와 연동할 때는 IMPORTRANGE

를 사용하고, 간단한 조건의 데이터를 가져올 때는 FILTER를 활용하고 조건이 복잡하거나 데이터를 정제할 때는 QUERY를 사용하면 보다 유용하게 데이터를 관리할 수 있다. 상황에 맞게 필요한 함수를 적절히 사용하는 걸 권장한다.

데이터 연결하기: VLOOKUP, MATCH

지금까지 데이터들을 원하는 형태로 조작하는 것에 대해 설명했다. 이제는 필요한 데이터들을 어떻게 효과적으로 연결해서 활용할 것인가에 대해서 알아보자. 많은 직장인이 데이터를 연결할 때 VLOOKUP을 주로 사용하는데 상황에 따라 MATCH 함수를 혼용해서 사용한다면 좀 더 쉽고 편리하게 원하는 데이터를 연결할 수 있다. 지금 다룰 VLOOKUP은 앞에서 다룬 ARRAYFOMULA 함수를 연결해서 사용하는 방법을 복습하면서 좀 더 깊이 다루어보려고 한다.

VLOOKUP은 VLOOKUP(검색할_키, 범위, 색인, [정렬됨])의 형태로 사용된다. 색인은 범위에 몇째 값을 가져오는지를 나타낸다. [정렬됨]은 기본이 TRUE인데, TRUE일 경우 정확히 원하는 값을 반환하는 것이 아니라 빠른 처리를 위해서 유사하다고 판단되는 값을 반환한다는 문제가 있다. 정확히 일치하는 값을 반환하도록 하려면 [정렬됨]에 항상 FALSE 또는 0을 입력해야 한다.

VLOOKUP으로 데이터를 가져올 때 대개 그림 「VLOOKUP을 활용하여 값 가져오기」와 같이 사용한다. G3의 ID 값을 기준으로 좌측의 장래희망, 전공의 위치를 손으로 계산해서 입력하고 H열

아래로 복사하여 붙여넣기를 하는 방식이다. 이러한 방식은 다음과 같은 세 가지 문제점이 있다. 이를 해결하는 방법에 대해서 하나씩 설명하겠다.

① 기초데이터의 열이 많을 경우, 열을 하나씩 세어서 넣기 어렵다.
② 검색할_키의 좌측에 있는 데이터를 가져오려면 기초데이터의 1열에 키key를 다시 만들어 넣어야 한다.
③ 가져온 데이터를 누군가 중간에 수정했다면 어떤 부분이 바뀌었는지 확인하기 어렵다.

VLOOKUP을 활용하여 값 가져오기(단일함수로 처리)

	A	B	C	D	E	F	G	H	I
1	기초데이터						가져오기		
2	이름	ID	근무지	부서	직무		ID	부서	직무
3	라이언	A01	서울	인사팀	HR Manager		A01	인사팀	HR Manager
4	그레이스	A02	서울	마케팅팀	Marketing Manager		B01	회계팀	Accounting Manager
5	루피	B01	서울	회계팀	Accounting Manager		C02	디자인팀	Designer
6	헤이즐	B02	서울	마케팅팀	Marketing Manager		B02	마케팅팀	Marketing Manager
7	스티븐	C01	판교	개발팀	Software Developer				
8	엘레나	C02	판교	디자인팀	Designer				
9	루카스	C03	판교	개발팀	Software Developer				

1번 문제의 해결 방법으로, 그림 「VLOOKUP을 활용하여 값 가져오기」에서 가져오기의 부서와 직무는 기초데이터의 몇 번째에 있는지 어떻게 계산할 수 있을까? 이럴 때 사용할 수 있는 함수가 MATCH 함수이다. MATCH 함수는 MATCH(검색할_키, 범위, [검색_유형]) 형태로 사용할 수 있고 범위에서 지정된 값과 일치하는 상대적 위치를 반환한다. 이때 VLOOKUP과 마찬가지로 기본은 1로 유사한 값을 반환하는 형태로 되어 있어 완벽히 일치하는 위치를 가

져오기 위해서는 반드시 검색_유형을 0으로 입력해야 한다. 여기서 입력한 MATCH(H$2,$B$2:$E$2,0)는 B2에서 E2까지의 값(ID, 근무지, 부서, 직무)에서 H2의 값인 부서가 몇 번째에 위치하는지 확인하여 해당 위칫값을 반환한다. 여기에서는 3을 반환한다는 것을 알 수 있다. =VLOOKUP($G3,$B:$E,MATCH(H$2,$B$2:$E$2,0),FALSE)와 같이 사용했다. 여기서 중요한 것은 VLOOKUP의 범위와 MATCH의 범위가 동일해야 정확한 위칫값을 반환할 수 있다. 그리고 보통 엑셀과 스프레드시트에서 범위의 값이 상대적 위치(상대 참조)로 되어 있어 복사하여 붙여넣기를 할 때 위치가 이동함에 따라 범위도 같이 변경된다. 그러나 $를 표시한 범위는 절대적 위치(절대 참조)로 범위가 고정되어 복사하여 붙여넣기를 하더라도 범위가 변경되지 않는다. 그래서 특정 범위의 값을 가져올 때나 위치를 고정하고 싶을 때는 $를 활용하여 위치를 고정하면 복사하여 붙여넣기를 할 때 따로 위치를 변경하지 않아도 된다.

VLOOKUP에서 매치를 활용하여 값의 위치 정보 반환하기

	A	B	C	D	E	F	G	H	I
1	기초데이터						가져오기		
2	이름	ID	근무지	부서	직무		ID	부서	직무
3	라이언	A01	서울	인사팀	HR Manager		A01	인사팀	HR Manager
4	그레이스	A02	서울	마케팅팀	Marketing Manager		B01	회계팀	Accounting Manager
5	루피	B01	서울	회계팀	Accounting Manager		C02	디자인팀	Designer
6	헤이즐	B02	서울	마케팅팀	Marketing Manager		B02	마케팅팀	Marketing Manager
7	스티븐	C01	판교	개발팀	Software Developer				
8	엘레나	C02	판교	디자인팀	Designer				
9	루카스	C03	판교	개발팀	Software Developer				

2번 문제의 해결 방법으로 검색할_키 좌측에 있는 값을 가져오기 위해서는 중괄호를 활용하여 범위를 재조정한 새로운 배열을 만들

면 된다. 엑셀을 사용해온 사람들은 보통 범위를 지정할 때 연속된 범위 하나만 지정할 수 있다고 생각한다. 그런데 스프레드시트에서는 동일한 길이의 범위는 쉼표를 통해서 옆으로 붙일 수 있고 중괄호로 감싸면 새로운 배열을 만들 수 있다. 그래서 그림 「중괄호를 활용하여 범위를 재정렬하기」와 같이 이름, 부서의 값을 가져오기 위해서는 ID, 이름, 부서로 구성된 새로운 배열 {B:B,A:A,D:D}를 만들고 ID 값을 기준으로 원하는 정보인 이름을 가져오기 위해 H3셀에 =VLOOKUP($G3,{B:B,A:A,D:D},2,FALSE)와 같이 입력하면 ID가 A01인 '라이언'이라는 이름을 가져올 수 있다.

중괄호를 활용하여 범위를 재정렬하기

	A	B	C	D	E	F	G	H	I
1	기초데이터						가져오기		
2	이름	ID	근무지	부서	직무		ID	이름	부서
3	라이언	A01	서울	인사팀	HR Manager		A01	라이언	인사팀
4	그레이스	A02	서울	마케팅팀	Marketing Manager		B01	루피	회계팀
5	루피	B01	서울	회계팀	Accounting Manager		C02	엘레나	디자인팀
6	헤이즐	B02	서울	마케팅팀	Marketing Manager		B02	헤이즐	마케팅팀
7	스티븐	C01	판교	개발팀	Software Developer				
8	엘레나	C02	판교	디자인팀	Designer				
9	루카스	C03	판교	개발팀	Software Developer				

3번 문제의 해결 방법으로 '누군가 중간에 임의로 수정하지 못하게 첫 번째 셀의 함수를 전체 범위에 적용되게 만들면 어떨까?' 하고 생각할 수 있다. 이것이 구글 스프레드시트에서 필자가 가장 중요한 함수라고 생각하는 ARRAYFORMULA 배열함수이다. 배열함수에 들어가는 검색할_키도 범위 값이 되어야 하고 가져올 열의 값도 여러 개라면 이 또한 배열 형태로 입력한다.

이전에 가져왔던 ID를 기준으로 이름과 전공을 한 번에 가져오는 함수를 다음과 같이 작성할 수 있다.

=ARRAYFORMULA(VLOOKUP(G3:G6,{B:B,A:A,D:D},{2,3},FALSE))

여기서 검색할_키의 값과 색인의 값도 둘 다 배열 형태이다. 만약 해당 범위 내의 셀을 누가 수정한다면 H3셀에 #REF 오류가 발생하고 나머지 범위의 값도 사라진다.

ARRAYFORMULA를 활용하여 함수를 일괄 적용하기

	A	B	C	D	E	F	G	H	I
1	기초데이터						가져오기		
2	이름	ID	근무지	부서	직무		ID	이름	부서
3	라이언	A01	서울	인사팀	HR Manager		A01	라이언	인사팀
4	그레이스	A02	서울	마케팅팀	Marketing Manager		B01	루피	회계팀
5	루피	B01	서울	회계팀	Accounting Manager		C02	엘레나	디자인팀
6	헤이즐	B02	서울	마케팅팀	Marketing Manager		B02	헤이즐	마케팅팀
7	스티븐	C01	판교	개발팀	Software Developer				
8	엘레나	C02	판교	디자인팀	Designer				
9	루카스	C03	판교	개발팀	Software Developer				

앞의 함수도 한 가지 문제점이 있다. 만약 G7셀 이하에 ID가 추가되어도 해당 함수로는 계산하지 못하여 누군가가 범위를 계속 수정해야 한다. 그럼 어떻게 해야 ID가 늘어날 때마다 자동으로 범위를 조정할 수 있을까? 이때 앞에서 설명했던 INDIRECT와 COUNTA를 활용할 수 있다. COUNTA(범위)를 사용하면 범위 내 값의 개수를 반환한다. 주로 데이터상에서 값의 누락이 없

는 열의 범위를 COUNTA로 지정한다. 그리고 INDIRECT 함수는 INDIRECT(문자열로_지정된_셀_참조) 형태로 작성한다. 이는 A1이라는 문자를 =INDIRECT("A1")과 같이 입력을 하면 A1이라는 범위를 반환한다.

앞의 두 가지 함수 COUNTA와 INDIRECT를 활용하여 H3셀에서 VLOOKUP 함수의 검색할_키에 INDIRECT("G3:G"&COUNTA(G:G))를 입력하면 G7셀에 ID 값 C03이 추가되더라도 범위가 자동으로 재계산되어 누군가 직접 범위를 변경하지 않더라도 G7셀의 C03의 이름과 부서 정보를 가져올 수 있다.

INDIRECT와 COUNTA를 활용하여 범위를 자동으로 계산하기

	A	B	C	D	E	F	G	H	I
1	기초데이터						가져오기		
2	이름	ID	근무지	부서	직무		ID	이름	부서
3	라이언	A01	서울	인사팀	HR Manager		A01	라이언	인사팀
4	그레이스	A02	서울	마케팅팀	Marketing Manager		B01	루피	회계팀
5	루피	B01	서울	회계팀	Accounting Manager		C02	엘레나	디자인팀
6	헤이즐	B02	서울	마케팅팀	Marketing Manager		B02	헤이즐	마케팅팀
7	스티븐	C01	판교	개발팀	Software Developer		C03	루카스	개발팀
8	엘레나	C02	판교	디자인팀	Designer				
9	루카스	C03	판교	개발팀	Software Developer				

수식: =ARRAYFORMULA(VLOOKUP(INDIRECT("G3:G"&COUNTA(G:G)),{B:B,A:A,D:D},{2,3},FALSE))

VLOOKUP을 기준으로 하여 데이터를 연동하는 다양한 방법에 대해서 배워보았다. 여러 방법 중에서 본인의 업무 목적에 맞고 가장 효과적이라고 판단되는 방법을 활용하면 된다. 다만 업무자동화와 효율성 개선을 위해 앞으로 알아볼 구글 앱스 스크립트를 좀 더 쉽게 사용하기 위해서 스프레드시트에서 여러 조건을 처리하려고 한다. 그래서 앱스 스크립트와 함께 사용할 데이터의 경우는 가급적 ARRAYFORMULA, INDIRECT, COUNTA 등을 활용해서 데이터의 계산식을 자동으로 적용되게 만들어두어야 배열함수가 데이터가 있는 범위에 적용되어 더 효과적으로 업무자동화를 할 수 있다. 그러므로 의도적으로 사용하는 습관을 들이는 것을 추천한다.

4.
구글 스프레드시트를 활용한 데이터 관리

입력 가능한 데이터 제한하기: 데이터 확인

앞에서는 업무자동화를 위해 필요한 다양한 형태의 데이터를 다루는 방법에 대해서 알아보았다. 지금부터는 데이터를 좀 더 효과적으로 관리하고 확인하는 방법에 대해서 살펴보자.

스프레드시트는 개인용이 아니라 타인과 공유하는 협업 도구로 사용하는 경우가 많다. 그런 경우 동일한 업무를 여러 명이 같이 하다 보니 개인마다 유사한 의미를 가진 서로 다른 단어들을 스프레드시트에 입력하는 것을 보았을 것이다. 예를 들어 특정 업무가 '완료'되었다면 누구는 완료, 누구는 completed, 누구는 끝, 누구는 종료로 입력할 수 있다. 이때 완료 처리된 데이터를 가져와야 할 경우 다르게 입력된 데이터를 누군가는 수정해야 하는 번거로움이 생길 수 있다. 실제로 완료된 것인데 표현의 차이로 인해 누락될 수도 있다. 만약 사전에 특정 범위에 대해서 입력할 수 있는 데이터를 제한할 수 있다면 이러한 문제를 예방할 수 있을 것이다. 이때 사용할 수 있는 기능이 바로 '데이터 확인'이다.

스프레드시트에서 입력을 제한하고 싶은 셀의 범위를 선택한 후 상단 메뉴에서 데이터 > 데이터 확인을 선택한다. 데이터 확인 규칙은 범위에 적용, 기준, 데이터가 잘못된 경우 등으로 구분된다. 범위에 적용은 설정된 기준이 적용되는 데이터 범위를 말한다. 일반적으로 데이터 확인을 실행하기 전에 선택한 셀의 범위가 자동으로 입력된다. 기준은 어떤 제한 조건을 지정할지에 대한 선택을 나타내며 드롭다운, 문자, 숫자, 날짜, 체크박스 등 다양한 형태의 값을 제한할 수 있다. 데이터가 잘못된 경우는 셀 범위 내에서 지정된 제한 조건 이외의 값을 입력하려고 시도했을 때 처리 방법을 선택하는 항목으로 단순히 경고 표시만 할지, 입력 자체를 거부할지 선택하게 되어 있다. 경고 표시는 제한 조건 이외의 값도 입력은 가능하나 잘못 입력되었다고 셀 우측에 표시만 하는 것이고 입력 거부는 지정된 값 이외에는 입력이 되지 않게 원천적으로 통제하고 입력을 시도한 값을 삭제 처리한다. 경고 표시는 예외 입력을 허용하는 형태이기 때문에 예외 허용에 대해서 사용자가 판단하여 선택하면 된다.

그럼 각 기준에 맞춰 데이터 확인을 설정하는 방법에 대해서 알아보자. 데이터 확인에서 제공하는 기준은 일곱 가지가 있으며 각각의 특징 및 사용법은 다음의 표 「데이터 확인의 기준별 특징과 사용법」과 같다.

데이터 확인에서 주로 사용하는 기준은 '드롭다운'과 '드롭다운

데이터 확인을 설정하기

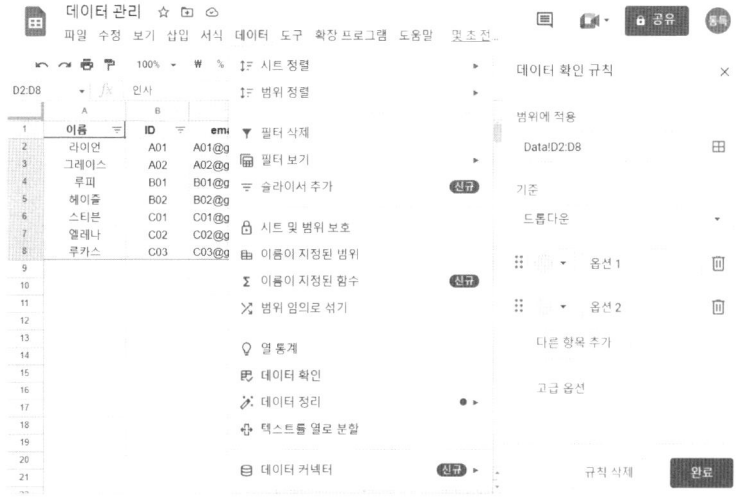

데이터 확인의 기준별 특징과 사용법

기준	특징	사용법	참고
드롭다운	지정 문자 제한	문자 항목 입력	제한할 문자 항목을 입력하고, 필요시 다른 항목을 추가함
드롭다운(범위)	셀의 범위 제한	$A$1:$A$10	절대 참조로 사용해야 범위가 고정됨
텍스트	문자 형식 제한	포함, 미포함, 같음, 이메일 등	특정 문자의 포함 여부 및 이메일 형식을 지정함
날짜	날짜 형식 제한	올바른 날짜, 이전, 이후, 사이 등	날짜 타입을 확인하기 쉬움
숫자	숫자 조건 제한	사이, 이상, 이하, 초과, 미만 등	입력된 숫자 기준으로 입력을 제한함
체크박스	체크 여부 선택	체크박스 선택	맞춤 셀 값의 지정이 가능함
맞춤 수식	수식 기준 제한	=ISODD(A1)	특정 수식이 참이 되는 값만 입력이 가능함

(범위)'이다. 이 두 가지 기준은 제한된 값만 입력하게 한다는 점은 동일하지만 범위를 지정하느냐 항목을 지정하느냐의 차이가 있다. 보통 선택해야 할 내용이 많거나 업무상 별도로 관리하는 기준 정

보와 관련된 데이터는 드롭다운(범위)을 주로 사용한다. 예를 들어 조직명 또는 직급, 직책, 업무 단계 등의 정보는 별도로 관리해야 하고 향후 회사 사정에 따라 변동성이 있는 정보이기 때문에 드롭다운(범위)을 사용하는 게 좋다. 단순 선택형 문자인 Y/N 또는 남/녀 또는 진행 중/완료 등과 같이 길이가 길지 않고 회사 차원에서 별도로 관리해야 하는 정보가 아닌 경우에는 드롭다운을 사용하는 게 좀 더 효율적이다.

드롭다운(범위)을 사용할 때 한 가지 팁이 있다. 보통 범위를 입력할 때 A1:A10과 같은 고정된 범위를 지정한다. 이러한 경우 향후 범위가 변경되면 하나씩 범위를 재조정해야 하는 불편함이 생긴다. 이때 사전에 특정 범위를 이름이 지정된 범위로 설정하고 데이터가 추가되었을 때 이름이 지정된 범위 값만 조정하면 해당 이름을 참조하는 범위는 일괄적으로 조정되기 때문에 좀 더 쉽게 데이터 관리를 할 수 있다. 다음 그림 「이름이 지정된 범위 정의하기」에서 인사, 재무, 개발, 기획이라는 E2:E5셀에 있는 범위를 직무라는 이름으로 지정하고 싶다면 우선 해당 영역을 선택한 후 마우스 우측 버튼을 클릭한다. 나타난 메뉴 맨 하단에 '셀 작업 더 보기'가 보이는데 이를 선택한 후 '이름이 지정된 범위 정의'를 클릭한다. 그러면 우측 화면에서 이름이 지정된 범위 1과 선택된 셀의 범위를 볼 수 있다. 이름이 지정된 범위 1의 이름을 원하는 이름인 직무로 변경한 후 완료 버튼을 누른다. 이제 범위를 선택할 때 직무라고 입력하면 해당 범위가 연동된다. 이후 직무 정보가 늘어나게 되면 직무 정보를 추가하고 해당 이름의 범위만 조정하면 직무 범위를 참조하고 있는 값은 자동으로 조정된 범위로 변경된다. 이렇게 특정 기준 정보를 관리하는 경우 이름이 지정된 범위를 사용한다면 더 효과적으로 데이터를 관리할 수 있다.

이름이 지정된 범위 정의하기

그리고 데이터 확인의 드롭다운에서 항목별 색상을 지정할 수 있다. 선택 항목이 구분되도록 색상을 지정하는 게 효과적이다. 색상을 지정하면 항목 구분이 좀 더 명확해지고 입력된 이후 데이터를 시각적으로 확인하기가 좀 더 수월하다.

데이터의 일관성과 정합성을 유지하기 위해서는 꼭 데이터 확인

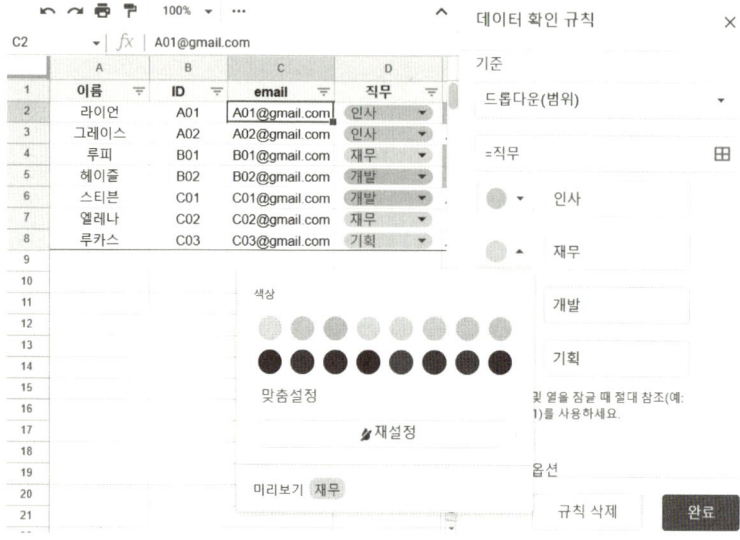

을 사용하기를 권장한다. 데이터 확인을 사용하는 것은 이후에 배울 앱스 스크립트에서 특정 조건에 따른 업무자동화를 구현할 때 유용하게 사용될 것이다. 이뿐만 아니라 데이터 관리 차원에서도 값이 정확하게 입력되어 있어야 분석할 때 원하는 결과를 얻을 수 있다. 그러므로 데이터 확인을 사용하는 습관을 들이길 바란다.

빠르게 데이터 요약하기: 피봇 테이블 만들기

앞에서 데이터 확인을 활용하여 특정 범위의 목록에서 값을 선택하는 방법을 알아보았다. 시간이 지나면 데이터가 축적되고 자연스럽게 데이터 분석에 대한 요구가 커질 것이다. 이때 분석하고자 하는 데이터의 요약 정보 또는 다양한 통계 정보를 보기 위해서

'피봇 테이블'을 사용할 수 있다. 분석이 필요한 데이터의 전체 범위를 선택한 다음 상단 탭에서 삽입 〉 피봇 테이블을 선택하면 '피봇 테이블 만들기'가 나타난다. 이때 새 시트를 선택한 다음 만들기를 누르면 피봇 테이블 1이라는 새 시트가 만들어진다.

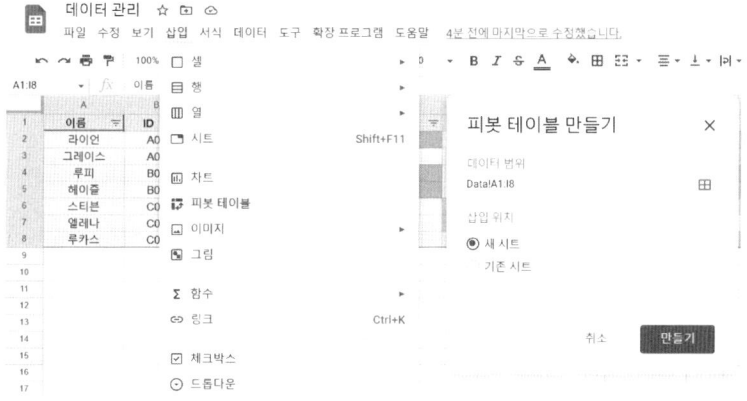

피봇 테이블 만들기 화면

피봇 테이블 1 시트 우측에 '피봇 테이블 편집기'를 볼 수 있다. 피봇 테이블 편집기에는 선택된 범위, 행, 열, 값, FILTER 항목과 각 항목의 우측에 추가 버튼이 있는 것을 확인할 수 있다. 행은 피봇 테이블 좌측에 입력될 데이터의 이름을 나타낸다. 열은 피봇 테이블 상단에 입력될 데이터의 이름을 나타낸다. 값은 문자가 들어간 데이터를 추가하면 COUNTA(개수)가 기본적으로 설정된다. 숫자가 들어간 데이터를 추가하면 SUM(합계)이 기본적으로 설정된다. 또한 AVERAGE(평균), MAX(최댓값), MIN(최솟값) 등 수치와 관련된 다양한 기준을 선택할 수 있다.

이러한 피봇 테이블은 특정 그룹의 합계, 평균, 분산 등을 빠르게 요약하여 어떤 그룹이 상대적으로 점수가 높고 어떤 그룹이 낮은지를 확인하고 필요시 해당 정보를 기준으로 개선사항을 도출할 수 있는 장점이 있다. 그림「피봇 테이블 편집기 화면」은 피봇 테이블을 생성할 때 보이는 기본적인 예시 화면이다.

그림「피봇 테이블 만들기 화면」에서 데이터 범위를 A1:I8로 지정하여 피봇 테이블을 만들었다. 행은 직무를, 열은 평가 등급을, 값은 평균 점수에서 요약 기준- AVERAGE(평균)를 선택했다. 행, 열, 값은 지속적으로 추가하고 사용자가 원하는 형태로 조정할 수 있다. 값 아래에는 FILTER가 있는데 FILTER를 추가하면 피봇 테이블에서 불필요한 데이터를 선택에서 제외할 수도 있다.

그림「피봇 테이블 편집기 화면」과 같이 피봇 테이블은 선택한 데이터 범위에서 다양한 데이터의 관계를 빠르게 요약하고 확인하는 장점이 있다. 데이터 분석을 할 때 통계 정보를 빠르게 확인하고 싶다면 피봇 테이블을 사용해볼 것을 적극적으로 추천한다.

필요한 데이터를 빠르게 확인하기: 조건부 서식

우리가 스프레드시트에서 데이터를 확인할 때 주로 두 가지 방법을 사용한다. 하나는 CTRL+F를 눌러 우측 상단에 검색창을 띄우고 여기에 검색어를 입력해서 원하는 데이터를 찾는 방법이다. 다른 하나는 1행의 범위를 선택하고 상단 메뉴바에서 FILTER 만들기를 클릭하여 데이터가 있는 범위를 지정하고 원하는 값을 필터링하여 데이터를 찾는 방법이다. 이러한 방법을 통해서 원하는

피봇 테이블 편집기 화면

 목적을 달성할 수는 있지만 검색어를 입력하거나 별도로 설정을 해야 하는 번거로움이 있다. 만약 찾고자 하는 셀의 색깔을 다르게 지정할 수 있다면 더욱 쉽게 원하는 데이터를 시트 내에서 확인할 수 있을 것이다.

 특정 셀에서 채우기 색상을 활용하여 원하는 색을 반영하는 방법도 있지만 하나씩 색을 지정해야 하는 번거로운 문제가 있다. 그러지 않고도 특정 조건에 맞춰서 조건에 맞는 셀에 색상을 자동으로 지정하는 기능이 바로 조건부 서식이다. 조건부 서식을 사용하려면 적용하고자 하는 범위를 선택하고 상단 탭에서 서식 〉 조건부 서식을 선택하면 된다. 그러면 우측에 '조건부 서식 규칙'이라는 사이드바가 나타난다. 조건부 서식 규칙은 단색과 색상 스케일 두 가지 중 선택하게 된다. 특정 문자와 숫자에 대해서 한 가지 색상을 표시하고자 할 때는 주로 '단색'을 사용하고 특정 범위에 있는 숫자의 크기를 비교할 때는 '색상 스케일'을 사용한다.

특정 문자를 기준으로 단색을 지정할 때는 '형식 규칙' 중에서 같음 또는 같지 않음 두 가지 중 하나를 선택하고 비교 기준이 되는 값을 입력한다. 그리고 '서식 지정 스타일'에서 희망하는 색을 선택하면 해당 조건과 일치할 때 지정된 색으로 표시가 된다. 다음의 그림 「조건부 서식 규칙 중 문자 기준 설정하기」는 평가 등급이 S인 경우 선택된 범위의 셀을 빨간색(기본값) 배경으로 나타내는 조건부 서식을 지정한 예시이다.

이렇게 조건부 서식을 사용하면 조건에 일치하는 셀의 색을 달리하기 때문에 특정 데이터를 시각적으로 쉽게 확인할 수 있다. 뒤

조건부 서식 규칙 중 문자 기준 설정하기

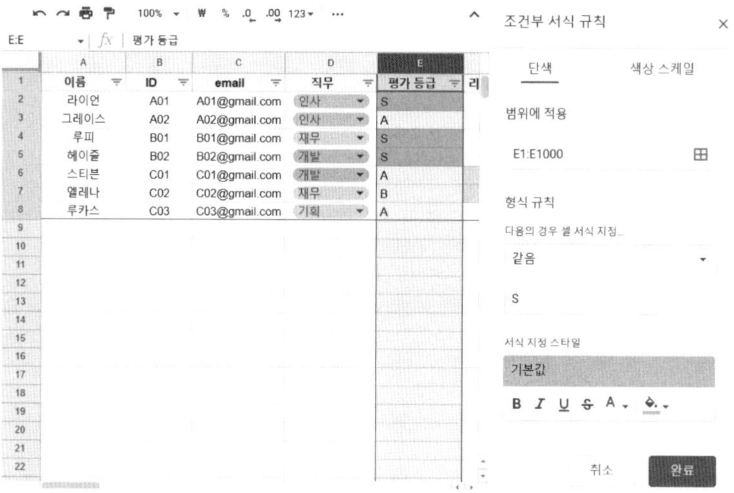

에서 배울 앱스 스크립트에서는 스프레드시트 행의 데이터 기준으로 스크립트가 하나씩 실행되게 구현한 후 스크립트 실행이 성공하면 행의 데이터 우측에 성공을 입력하고 실패하면 행의 데이터 우측에 실패를 입력할 것이다. 이렇게 성공과 실패에 대해서 조건부 서식을 지정하면 어떤 데이터가 스크립트 실행에 성공하고 실패했는지를 더욱 쉽게 파악할 수 있다.

특정 숫자를 기준으로 데이터의 조건을 비교한다면 형식 규칙에서 숫자에 사용되는 조건인 초과, 미만, 같음, 크거나 같음 등을 선택할 수 있다. 그림 「조건부 서식 규칙 중 숫자 기준 설정하기」는 리더십 점수가 3점보다 작거나 같은 경우 노란색으로 표시했다.

위의 예시를 보면 선택된 범위에서 비교 대상이 되는 셀 한 개에 대해서만 지정된 색상이 적용되는 것을 알 수 있다. 그렇다면 해당

조건부 서식 규칙 중 숫자 기준 설정하기

조건을 만족하는 행 전체에 색상을 지정할 수는 없을까? 이럴 때 지정 범위를 데이터 전체로 하고 형식 규칙에서 맞춤 수식을 사용하여 원하는 결과를 얻을 수 있다. 그림 「맞춤 수식을 활용하여 행 전체에 조건을 설정하기」와 같이 인사 직무의 경우 해당 행 전체를 녹색으로 처리해보자. 우선 적용 범위를 데이터가 있는 전체 범위 A1:I1000으로 지정하고 맞춤 수식에 =$D1="인사"를 입력한다. 조건부 서식 규칙에서 맞춤 수식은 배열로 적용되는 것을 기본으로 하기 때문에 지정된 범위 A1:I1000에서 맞춤 수식을 적용할 때 지정된 범위의 셀 하나하나를 해당 수식과 비교하여 서식 적용 여부를 선택하게 된다.

만약 우리가 맞춤 수식에 =D1="인사"라고 입력한다면 A1셀은 =D1="인사" 조건이 성립할 경우 서식이 적용된다. 그런데 입력하지 않은 B1셀도 상대 참조의 룰에 따라 =E1="인사"와 같이 D1에서 우측으로 한 칸 이동한 E1 값과 비교하게 된다. 그래서 =$D1="인사"와 같이 $를 입력하여 D열은 고정하고 행은 2행일 경우 D2로, 3행일 경우 D3로 행만 자동으로 하나씩 증가하면서 셀마다 하나씩 비교하도록 설정한다. 열이 고정되어 있고 행만 증가하는 형태이기 때문에 행이 동일하다면 셀마다 적용되는 맞춤 수식도 동일하다. 이렇게 해서 해당 조건이 성립되는 행 전체에 지정된 조건부 서식이 적용되게 할 수 있다.

스프레드시트에서는 행렬을 다룰 때 수식에서 범위가 참조되는 방식에 따라 상대 참조, 절대 참조, 혼합 참조로 구분한다.

맞춤 수식을 활용하여 행 전체에 조건을 설정하기

- 상대 참조: 수식에서 특정 범위를 입력할 때 행렬의 위치가 변경되면 수식에 있는 참조 범위도 자동으로 변경되는 것을 말한다. 예를 들어 범위가 입력된 셀을 복사하여 붙여넣기를 하거나 수식을 자동 채우기를 할 때 행과 열 사이에 셀을 추가하거나 삭제하면 수식에서 입력된 참조 범위도 그에 따라 변하는 것을 볼 수 있다.
- 절대 참조: 범위를 참조할 때 특정 위치를 고정하여 셀의 상태가 변경되더라도 참조 범위는 고정되는 것을 말한다. 절대 참조를 지정할 때는 $를 사용하고 수식에서 참조를 희망하는 범위를 지정한 후 F4키를 누르면 상대 참조가 절대 참조로 변경된다.
- 혼합 참조: 행렬에서 상대 참조와 절대 참조를 함께 사용하는

것을 혼합 참조라고 한다. 가로 또는 세로 방향을 선택해서 고정하는 방식이다. 그림 「맞춤 수식을 활용하여 행 전체에 조건을 설정하기」의 맞춤 수식의 $D1과 같이 열 앞에 $를 붙이는 것을 열 고정 혼합 참조라고 하고 D$1과 같이 행 앞에 $를 붙이면 행 고정 혼합 참조라고 한다.

범위 참조를 활용하여 특정 행 전체에 조건부 서식을 적용하는 방법에 대해서 알아보았다. 스프레드시트에서 데이터를 관리할 때 일반적으로 행을 기준으로 관리한다. 앞의 그림 「맞춤 수식을 활용하여 행 전체에 조건을 설정하기」에서도 2행에서 8행까지 행마다 특정 대상의 이름, ID, 이메일, 직무, 평가 정보가 기록되어 있는 것을 볼 수 있다. 그래서 실무에서는 데이터를 연결할 때 고정된 열에 있는 직무, 평가 등의 데이터를 가져오기 위해서 열 고정 혼합 참조를 많이 사용한다.

다음은 조건부 서식 규칙 중 색상 스케일에 대해서 알아보자. 영어 사전에서 scale(스케일)을 검색하면 '(특히 다른 것과 비교해서 본) 규모(범위)'라고 정의되어 있다. 이러한 정의를 기준으로 추측하면 색상 스케일은 범위가 있는 숫자의 크기를 색상의 농도로 보여주는 기능 정도로 생각할 수 있다.

범위가 있는 숫자라고 하면 척도를 가진 숫자라고 볼 수 있다. 예를 들어 시험 점수는 0~100점, 설문지는 보통 0~7점, 0~5점 척도로 사용한다. 가끔 "10점 만점에 몇 점인가요?"라는 질문을 하는데 이것도 10점을 최고점으로 하는 0~10점 척도를 가진, 즉 범위가 있는 숫자이다. 그래서 색상 스케일을 사용할 때는 최고점이 범위에 포함되어야 각 점수의 차이에 따른 색상의 차이가 명확하게 나타난다. 색상 스케일을 적용할 범위를 지정하고 형식 규칙에서 미리보기를 흰색에서 노란색으로 선택한다. 숫자가 커질수록 색상이 진하게 표시되는 게 가독성이 높기 때문에 미리보기의 색상을 흰색에서 시작하는 형태로 변경하기를 권장한다. 그림 「색상 스케일 지정하기」는 평균 점수에 대해서 색상 스케일을 지정한 예시이다. 가장 낮은 점수인 2.7이 흰색으로 표시되어 있고 가장 높은 4.7이 진한 노란색으로 표시되는 것을 알 수 있다. 조건부 서식 규칙에서 최솟값, 중간값, 최댓값을 별도로 지정하면 해당 조건에 맞는 색의 표현도 가능하니 필요에 따라서 선택적으로 사용하도록 하자.

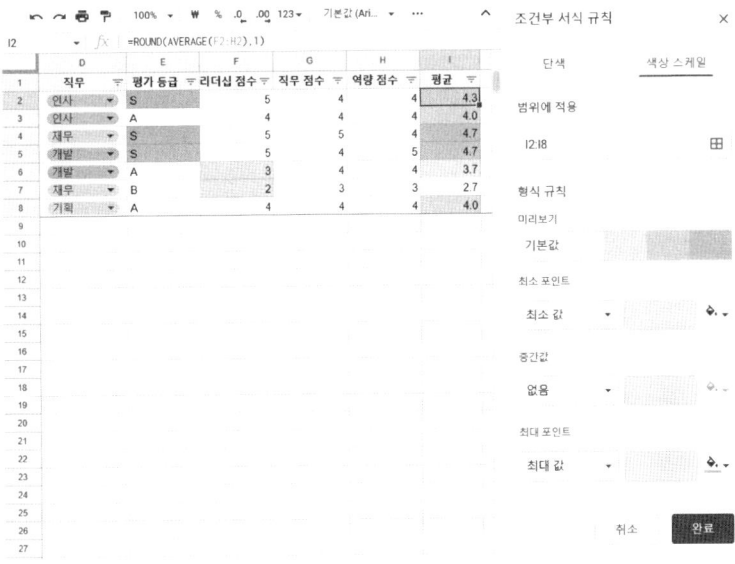

색상 스케일 지정하기

조건부 서식을 통해서 특정 문자와 숫자에 색상을 입혀 사용자가 시각적으로 좀 더 쉽고 빠르게 데이터를 확인하는 방법에 대해서 알아보았다. 이러한 조건부 서식은 데이터가 계속 쌓이더라도 해당 범위에 포함되어 있다면 추가 설정 없이 자동으로 조건에 맞춰 색상이 지정된다. 그 때문에 전체 데이터에서 사용자가 원하는 값을 시각적으로 빠르게 찾을 수 있을 것이다.

  스프레드시트를 활용하여 데이터를 조작하고 가져오고 연결하고 관리하고 분석하는 방법에 대해서 알아보았다. 이제 앱스 스크립트를 활용하여 스프레드시트에 있는 데이터를 어떻게 효과적으로 운영하고 실제 업무에서 필요한 기능들을 어떻게 구현하는지에 대해서 알아보자.

5.
구글 앱스 스크립트 사용하기

구글 앱스 스크립트 사용을 위한 코딩의 기본 구조

앞에서 구글 앱스 스크립트에 관해서 간단히 소개했다. 앱스 스크립트는 자바스크립트 기반으로 만들어져 있다. 우리가 흔히 이야기하는 코딩의 영역이다. 코드를 처음 접하는 분들은 길게 작성된 익숙하지 않은 표현들로 인해서 어려움을 느끼게 된다. 그래서 가능한 한 쉽고 기본적인 코드를 중심으로 작성했으니 실제로 따라 하면서 업무에 적용하면 어렵지 않고 재미있게 해볼 수 있을 것이다. 여기서 다룰 내용은 주로 단순 반복적이고 패턴화된 업무들을 코드를 통해서 자동화하는 방법에 관한 것이다.

필자가 2018년에 이직한 회사에서는 당시 지슈트라고 불리던 구글 워크스페이스를 기반으로 업무를 하고 있었다. 주로 구글 스프레드시트에서 데이터를 관리하고 운영했다. 구글 워크스페이스가 웹브라우저에서 구동되는 서비스여서 '스크립트가 지원되지 않을까?' 하는 생각에 구글에서 관련 내용을 검색하다가 앱스 스크립트를 알게 되었다. 별도의 개발 환경과 서버가 필요 없고 추가 비용 없이 구글 클라우드 플랫폼에서 운영할 수 있어서 잘 활용만 하면 엄청난 효과를 낼 수 있을 것으로 생각했다. 구글에서 제공하는 레퍼런스를 보면서 필요한 기능들을 직접 구현해보았고 업무 효율성을 획기적으로 개선하게 되었다. 지금까지도 지속적으로 활용하고 있다. 구글 앱스 스크립트의 공식 레퍼런스는 아래 주소를 통해서 확인할 수 있다.

레퍼런스 사이트: https://developers.google.com/apps-script/reference

위의 사이트는 정리가 잘되어 있지만 오히려 너무 많은 정보가 담겨 있다 보니 실제 원하는 기능을 구현하기 위해서 어떤 코드를 어떻게 사용해야 할지 판단하는 데 어려움을 느낄 수 있다. 그래서 여기서는 꼭 알아야 하고 목적을 달성하는 데 필요한 가장 쉬운 코드를 중심으로 다루고자 한다.

우선 앱스 스크립트 편집기에 접속해보자. 작업하는 스프레드시트와 연결해서 앱스 스크립트를 사용할 때 상단의 메뉴에 있는 확장 프로그램 〉 Apps Script를 통해 접속할 수 있다. 만약 본인이 작성한 모든 스크립트를 보거나 새로운 프로젝트를 생성하고 싶을 때는 script.google.com에 바로 접속할 수도 있다.

접속을 하면 그림 「앱스 스크립트 실행 화면」과 같이 우측에 편

앱스 스크립트 실행하기

집기가 있는 앱스 스크립트가 실행된다. 좌측의 파일 칸의 오른쪽에 있는 + 버튼을 누르면 스크립트, HTML을 생성할 수 있다. 그리고 Code.gs가 기본적으로 생성되는데 우측에 점이 3개 있는 더 보기 버튼을 누르면 이름 변경하기, 사본 만들기, 삭제를 할 수 있다.

먼저 우측 편집기에서 function myFunction(){ }을 볼 수 있다. 이는 myFunction이라는 함수가 생성되었다. 이 함수는 { }(중괄호) 안의 로직에 따라 실행이 될 거라는 선언을 하는 것이다. 여기에서 myFunction이라는 함수명을 본인이 알기 쉽고 목적에 맞게 바꾸면 된다.

앱스 스크립트 실행 화면

코드를 작성하기 전에 알아두어야 할 핵심은 두 가지이다.

1. 컴퓨터에 일을 시키기 위해서는 업무 절차에 맞춰서 디테일하게 코드를 작성해야 한다.
2. 무언가를 호출하거나 계산하려면 어딘가에 해당 정보를 담아두어야 한다.

이 책을 보는 독자들을 포함해서 대다수 직장인은 마이크로매니징을 선호하지 않을 것으로 생각한다. 큰 방향에 대해서 알려주면 알아서 일하고 결과가 나오기를 원할 것이다. 그러나 컴퓨터는 우리와 다르게 하나하나 세밀하게 알려주어야 한다. 그렇지 않으면 오류가 발생하고 원하는 결과를 내놓지 않는다.

보통 앱스 스크립트에서 업무를 시작할 때는 다음과 같은 순서를 따른다. 큰 범위에서 점점 범위를 좁혀서 원하는 결과를 얻는 형태로 코드를 구현한다고 볼 수 있다.

1. 작업을 하고자 하는 스프레드시트를 호출한다.
2. 해당 스프레드시트에서 원하는 시트명을 호출한다.
3. 수정하고자 하는 데이터 범위를 지정한다.
4. 지정된 데이터 범위에서 필요한 조건에 따라 처리한다.

두 번째로 알아두어야 할 핵심은 변수variable의 개념이다. 무언가를 호출하거나 계산했다면 해당 결과를 어딘가에 담아두어야 한다. 다음과 같이 var, let, const 뒤에 사용할 이름을 선언하고 값을 넣어둘 수 있는데 각각 차이가 있다. 예전에는 자바스크립트의 변수는 var 하나만 있었고 ES6 버전에서 let과 const가 추가되었다. var는 변수의 중복 선언이 가능하여 다수가 참여하는 프로젝트의 경우 선언의 중복으로 예상치 못한 값을 반환할 수 있다는 문제가 있다. 그래서 변수의 중복 선언은 불가능하나 재할당이 가능한 let이 만들어졌다. 그리고 값의 변화가 불필요하여 재할당을 할 필요가 없는 값을 보호하기 위해서 상수인 const가 만들어졌고 const를 활용해서 한 번 담은 값을 변함없이 일관되게 유지하고자 했다. 그래서 코드를 작성하고 변수를 선언할 때 값의 변화가 필요한 경우는 var, let을 활용하고 변화가 불필요한 경우는 const를 활용하면 된다.

```
var sheetName1 = "sheet1"        변수 sheetName1에 sheet1 값을 할당
let sheetName2 = "sheet1"        변수 sheetName2에 sheet1 값을 할당
const sheetName3 = "sheet1"      상수 sheetName3에 sheet1 값을 할당
```

앱스 스크립트에서 코드를 실행하려면 편집기의 우측 상단의 디버그 옆에 있는 실행하고자 하는 함수를 선택하고 좌측의 실행 버튼을 누르면 된다. 보통 최초로 코드를 사용할 때 그림「코드 최초 실행 시 권한 검토 화면」과 같이 권한 검토에 대한 팝업이 뜨는데 이때 권한 검토 버튼을 클릭한다.

권한을 허용할 계정을 선택하면 그림「확인하지 않은 앱에 대한 경고 화면」과 같이 "Google에서 확인하지 않은 앱"이라는 경고가

코드 최초 실행 시 권한 검토 화면

승인 필요

이 프로젝트에서 내 데이터에 액세스하려면 내 승인이 필요합니다.

취소   권한 검토

확인하지 않은 앱에 대한 경고 화면

Google에서 확인하지 않은 앱

앱에서 Google 계정의 민감한 정보에 대한 액세스를 요청합니다. 개발자(earnest.techhr@gmail.com)의 앱이 Google에서 인증을 받기 전에는 앱을 사용하지 마세요.

고급 설정 숨기기   안전한 환경으로 돌아가기

어떠한 위험이 발생할지 이해하고 개발자(earnest.techhr@gmail.com)를 신뢰할 수 있는 경우에만 계속하세요.

Untitled project(으)로 이동(안전하지 않음)

액세스 계정에 권한을 허용하기

나타난다. 개인이 만든 코드이기 때문에 나타나는 경고이다. 작게 표시된 고급을 클릭하면 아래에 해당프로젝트로 이동(안전하지 않음)이 나타난다. 이것을 클릭하면 그림 「액세스 계정에 권한을 허용하기」와 같이 권한 허용 여부를 묻는 팝업으로 이동하는데 허용을 클릭하면 권한이 부여된다. '고급'을 클릭하고 '해당 프로젝트로 이동(안전하지 않음)'을 클릭한 후 권한을 허용한다.

구글 스프레드시트의 데이터 불러오기

우선 구글 스프레드시트의 데이터를 앱스 스크립트에 불러오는 방법에 대해서 알아보자. 그림 「scriptData의 데이터 정보」와 같이 scriptData 시트에 입사일, 이름, ID, email, 근무지, 부서, 직무로 구성된 8행 7열의 데이터가 있다.

앱스 스크립트에서 스프레드시트의 데이터를 불러오기 위해서는 스프래드시트앱SpreadsheetApp을 호출해야 한다. 앱스 스크립

scriptData의 데이터 정보

트 편집기에서 특정 문자를 입력하면 사용할 수 있는 함수가 그림 「앱스 스크립트 편집기 문자 가이드」와 같이 표시된다. SpreadsheetApp을 직접 입력하거나 앱스 스크립트 편집기 문자 가이드에 따라 SpreadsheetApp을 선택한다.

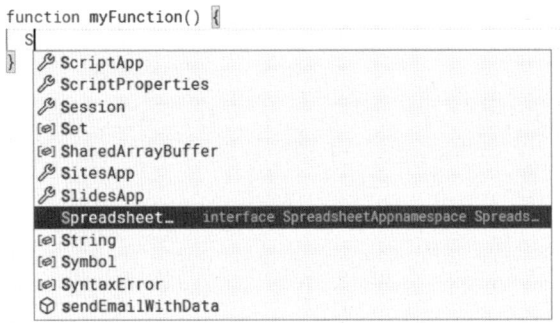

앱스 스크립트 편집기 문자 가이드

SpreadsheetApp 우측에 그림 「SpreadsheetApp에서 지원되는 다양한 함수들」과 같이 .(마침표)를 입력하면 SpreadsheetApp에서 사용할 수 있는 기능들이 표시되어 쉽게 원하는 함수를 선택하여 사용할 수 있다. 이 중 다음 세 가지를 주로 사용하는데 각각 차이가 있으니 사용에 유의하도록 하자.

1. SpreadsheetApp.getActiveSheet()

스프레드시트에서 현재 활성화되어 있는 시트를 호출한다. 활성화되어 있는 시트는 스프레드시트에서 현재 자신이 클릭해서 작업 중인 시트라고 보면 된다. 그런데 이 코드는 현재 작업 중인 시트

SpreadsheetApp에서 지원되는 다양한 함수들

가 아니라 다른 시트를 클릭할 경우 원하는 시트의 데이터가 아니라 다른 시트의 데이터를 호출하는 오류가 발생할 수 있다.

2. SpreadsheetApp.getActive().getSheetByName("시트명")

활성화된 스프레드시트 안에 여러 시트 중에서 호출하고자 하는 시트의 이름을 지정해서 데이터를 불러올 수 있다. 앞의 그림 「SpreadsheetApp에서 지원되는 다양한 함수들」에서는 SpreadsheetApp.getActive().getSheetByName("scriptData")로 해당 시트를 호출할 수 있다. 참고로 단일 스프레드시트가 아니라 여러 스프레드시트에서 중복으로 작업하는 경우, 작업 중이 아닌 스프레드시트의 데이터는 이 코드로 호출할 수 없다.

3. SpreadsheetApp.openByUrl("URL주소").getSheetByName("시트명")

호출을 원하는 스프레드시트의 URL 주소에 있는 특정 시트를 호출하는 함수이다. 물리적인 위치인 URL 주소를 입력해야 하는 불편함은 있지만 URL이 바뀌지 않는 한 현재 작업 중이 아닌 여러 스프레드시트에서 데이터를 불러올 수 있다.

　필자는 단일 스프레드시트에서 작업할 때는 두 번째 방법을 사용하고 여러 스프레드시트에서 작업을 할 때는 세 번째 방법을 주로 사용한다. 그림 「앱스 스크립트로 데이터 불러오기」는 두 번째 방법으로 작성한 것이다.

　참고로 그림 「앱스 스크립트로 데이터 불러오기」의 앱스 스크립트 화면을 보면 각 명령어 마지막에 ;(세미콜론)이 있는 게 있고 없는 게 있다. 구글 앱스 스크립트는 자바스크립트를 기반으로 하고 있다. 자바스크립트는 각 명령어 사용이 끝나면 마지막에 세미콜론을 붙이는 걸 권장한다. 그러나 명령어 끝에 세미콜론을 붙이지 않더라도 알아서 각 명령어가 종료되는 부분을 인지하기 때문에 자바스크립트와 앱스 스크립트에서 코드가 실행되는 데는 문제가 없다. 그래서 각 명령어가 끝날 때 세미콜론을 붙이는 것을 권장하지만, 없어도 실행에는 문제가 없으니 참고하길 바란다.

　앱스 스크립트를 작성할 때 //(더블슬래시)로 시작하는 라인도 볼 수 있는데 이는 주석이다. //로 시작하는 라인은 프로그램을 실행할 때 코드로 인식되지 않기 때문에 코드에 설명을 넣길 원할 때 //를 활용할 수 있다.

　그림 「앱스 스크립트로 데이터 불러오기」의 코드에서 데이터를 불러오는 값들은 변경이 불필요한 값으로 여겨 상수인 const로 선언을 하고 값을 할당했다. const와 =(등호) 사이의 상수명은 할당

앱스 스크립트로 데이터 불러오기

```
function getScriptData() {
  //scriptData시트에서 값을 가져와서 data에 할당하기
  const sheetName = "scriptData";
  const sheet = SpreadsheetApp.getActive().getSheetByName(sheetName);
  const lastRow = sheet.getLastRow();
  const lastCol = sheet.getLastColumn();
  const headers = sheet.getRange(1,1,1,lastCol).getValues()[0];
  const data = sheet.getRange(2,1,lastRow-1,lastCol).getValues();
  console.log(headers);
  console.log(data);
}
```

실행 로그

오후 3:57:01 알림	실행이 시작됨
오후 3:57:02 정보	['입사일', '이름', 'ID', 'email', '근무지', '부서', '직무']
오후 3:57:02 정보	[[Fri Jan 01 2021 00:00:00 GMT+0900 (Korean Standard Time), '라이언', 'A01', 'A01@gmail.com', '서울', '인사팀', 'HR Manager'], [Sat Feb 05 2022 00:00:00 GMT+0900 (Korean Standard Time), '그레이스',

된 값의 내용에 대해서 알기 쉬운 명칭으로 작성하면 된다. 우선 SpreadsheetApp을 호출해서 활성화된 스프레드시트에서 원하는 시트를 호출해야 한다. 관리의 용이성을 위해서 'scriptData'라는 문자가 할당된 상수 sheetName을 입력하여 호출한 시트는 sheet라는 상수에 할당한다. 그리고 해당 시트의 데이터 크기(행렬의 길이)를 알아야 하는데 sheet.getLastRow()를 통해 데이터의 행(세로)의 길이 8, sheet.getLastColumn()로 데이터의 열(가로)의 길이 7을 lastRow와 lastCol에 각각 할당한다.

보통 스프레드시트에서 데이터를 관리할 때 첫 번째 줄은 각 열

의 제목을 쓰고 두 번째 줄부터 데이터를 입력한다. 그래서 각 열의 제목의 위치를 알고 있다면 특정한 열의 데이터를 쉽게 가져올 수 있다. 그래서 1열의 칼럼의 제목들을 headers라는 상수에, 2열 이후의 데이터를 data라는 상수에 각각 할당했다.

시트의 데이터를 가져올 때 범위를 지정하는 함수 getRange()를 사용한다. 그림 「앱스 스크립트로 데이터 불러오기」의 sheet에서 A1의 위칫값을 가져온다면 sheet.getRange("A1") 또는 sheet.getRange(1,1)을 사용할 수 있다. 만약 A1:C4라는 여러 범위의 셀을 지정한다면 sheet.getRange("A1:C4") 또는 sheet.getRange(1,1,4,3)와 같이 사용할 수 있다. 직관적으로 사용하기에는 A1, A1:C4 형태로 범위를 선택하는 게 쉽다고 느껴질 수 있다. 하지만 이 형식은 고정된 텍스트 형태로 입력되어 있어서 범위가 변동될 때 변동된 범위를 계산하기에는 어려움이 있다. 그래서 자동화를 위해서는 컴퓨터에 알려주기 편하고 계산하기 편리한 getRange(row, column, numRows, numColumns)의 형태로 사용하는 것을 권장한다. row는 시작 행, column은 시작 열, numRows는 행의 개수, numColumns는 열의 개수이다. 1행은 1로, 2행은 2로, A열은 1로, B열은 2로 모두 숫자로 입력해야 한다.

범위를 지정했다면 지정된 범위에서 어떤 작업을 할 것인가를 컴퓨터에 다시 명령해야 한다. 보통은 데이터를 불러오거나 데이터를 입력하거나 둘 중 하나이다. 데이터를 불러오는 것은 getValue() 함수를 사용한다. 선택된 범위가 1개인 경우(예: A1셀)는 sheet.getRange(1,1).getValue()를 사용하고 복수의 범위가 선택되었을 경우(예: A1:C4셀 범위)는 sheet.getRange(1,1,4,3).getValues()와 같이 s를 붙여 복수라는 걸 나타낸다.

그림 「앱스 스크립트로 데이터 불러오기」의 const headers = sheet.getRange(1,1,1,lastCol).getValues()[0]은 lastCol = 7로 값이 7개가 있는 배열이 만들어진다. 여기서 [0]이 무엇을 나타내는 것인지에 대한 의문이 생길 수 있다. getValues()의 경우 2차원 배열의 형태로 데이터를 반환한다. 만약 [0]이 없다면 반환되는 값은 [['입사일', '이름', 'ID', 'email', '근무지', '부서', '직무']]와 같이 배열 안에 배열이 1개 들어 있는 2차원 배열이 만들어진다. getRange()의 범위는 1부터 시작하지만 컴퓨터 코드에서 작업되는 배열의 위치는 0부터 시작하기 때문에 위의 배열에서 [0]를 지정하게 되면 그림 「앱스 스크립트로 데이터 불러오기」의 실행 로그에서 보는 것처럼 ['입사일', '이름', 'ID', 'email', '근무지', '부서', '직무'] 형태로 데이터가 반환된다. 만약 여기서 headers[1]를 호출하면 두 번째 위치의 '이름'이 반환된다.

이와 같이 배열[행][열] 형태로 값을 가져올 수 있다. 만약 세로 행이 8개, 가로 열이 7개인 배열을 Data라는 변수에 할당하고 5행, 4열의 값을 가져오려면 Data[4][3]을 입력하면 된다. 스프레드시트에서는 행렬이 1부터 시작하지만 배열로 데이터를 가져오면 스크립트에서 배열은 0부터 시작하기 때문에 행렬의 위치는 시트와 비교해서 스크립트에서 -1씩 감소된다고 보면 된다.

const data = sheet.getRange(2,1,lastRow-1,lastCol).getValues()에서도 row가 1행을 headers로 활용하고 sheet의 2행부터

값을 가져오기 때문에 row에 2를 입력했다. 그리고 시트 기준으로 lastRow가 8이지만 headers로 사용한 1행을 제외한 총 7개의 값만 가져오면 되기 때문에 numRows에 lastRow -1을 입력했다. 이와 같이 직접 7을 입력하지 않고 lastRow -1을 입력하는 이유는 향후 데이터가 늘어났을 때 그 값이 자동으로 계산되도록 하기 위해서이다. 그림「앱스 스크립트로 데이터 불러오기」에서 headers와 data에 값이 정확하게 들어갔는지 확인하기 위해서 로그log 정보를 보여주는 console.log(headers), console.log(data)를 실행하면 편집기 아래에 실행 로그가 생성되고 호출된 각 상수에 들어있는 로그 정보를 확인할 수 있다.

그런데 실행 로그 정보에서 한 가지 의아한 점을 발견할 수 있다. scriptData의 등록일을 2021-01-01과 같이 입력했는데 실행 로그에 보이는 데이터는 Fri Jan 01 2021 00:00:00 GMT+0900 (Korean Standard Time)으로 입력된 데이터와 형태가 다르다. 만약 향후에 날짜 데이터를 비교하거나 시트에 입력할 때, 스크립트에서 반환하는 시스템 날짜를 사용하면 원하는 결과를 얻지 못할 것이다. 따라서 시스템에서 반환하는 날짜 데이터를 원하는 형태인 2021-01-01로 변경해야 한다. 날짜의 형태를 변경하는 formatDate라는 함수를 코드「날짜의 포맷을 변경하는 formatDate 함수」와 같이 만들어보자.

코드「날짜의 포맷을 변경하는 formatDate 함수」를 보면 formatDate(date) 함수에서 괄호 안의 date는 인풋input 값으로, 해당 위치에 들어가는 값은 date라는 변수로 받아서 해당 함수를

날짜의 포맷을 변경하는 formatDate 함수

```
function formatDate(date) {
  let d = new Date(date);

  //입력된 날짜의 년, 월, 일을 각각 분리하여 할당하기
  let year = d.getFullYear();
  let month = '' + (d.getMonth() + 1);
  let day = '' + d.getDate();

  //월, 일이 한 자리일 때 앞에 0을 붙여서 두 자리로 변경하기
  if (month.length < 2) month = '0' + month;
  if (day.length < 2) day = '0' + day;

  //년, 월, 일 사이에 -를 입력하여 결괏값 반환하기
  return [year, month, day].join('-');
}
```

실행한다는 의미로 이해하면 된다. 그리고 new Date(date) 함수로 입력된 date로 날짜 객체인 변수 d를 생성한다. 위의 데이터는 날짜타입이기 때문에 new Date(date)를 실행하지 않더라도 날짜 객체로 인정받을 수 있다. 그러나 어떤 형태로 입력될지 모르기 때문에 혹시 모를 예외를 방지하기 위해서 new Date(date)를 활용하여 입력된 date를 날짜 객체로 변경하는 것이 좋다. d에서 get-FullYear()를 사용하면 연도를 가져올 수 있고, getMonth()는 월을 가져올 수 있다. 단 getMonth()의 경우 1월이 0부터 시작하기 때문에 반드시 +1을 넣어야 한다. 여기에서 ''(작은따옴표)로 공백을 더했다. 이는 문자+숫자 = 문자로 코드가 인식되기 때문에 문자로 변경하기 위한 편법이다. 그리고 ''+(d.getMonth()+1)에 소괄호를 치는 것은 소괄호를 치면 d.getMonth()가 1일 경우 2가 되지만 '' + d.getMonth()+1이면 ''+1+1이 되어서 11로 인식이 되기 때문

이다. 그래서 문자+숫자일 경우 먼저 숫자 계산이 필요하다면 숫자 계산에 소괄호를 꼭 쳐야 한다. 마지막으로 getDate()는 일자를 반환한다. 반환된 값은 year, month, day 변수에 각각 할당된다.

　If는 조건문이라고 이야기하고 조건이 TRUE일 때 명령문이 실행되고 FALSE이면 코드 「if문, else if문, else문 사용 방법」의 else if 조건들을 확인한 후 최종 FALSE이면 else문의 명령문을 실행하는 형태로 진행된다. 위에서는 month와 day의 길이가 2보다 작으면 각 변수의 앞자리에 문자 '0'을 붙이라고 되어 있다. 이는 월과 일자는 두 자리로 표시되게 구성했으며 1~9까지는 앞에 0을 붙이고 10 이상은 그대로 표시한다는 의미이다.

if문, else if문, else문 사용 방법

```
if (조건 1)
    명령문1
else if (조건 2)
    명령문2
else if (조건 3)
    명령문3
……
else
    명령문N
```

　return은 함수를 실행했을 때 결괏값을 반환한다는 표현이다. 여기에서 join 함수를 사용했는데 join은 배열의 값을 특정 문자로 연결하여 문자로 변환하는 함수이다. 배열 [year, month, day]를 넣고 join('-')을 사용한다면, 해당 값은 year-month-day의 형태로 변경된다. 그리고 변경된 결괏값을 return 함수를 통해서 반환한다.

앞의 그림 「앱스 스크립트로 데이터 불러오기」와 같이 data[0][0]에 들어 있던 "Fri Jan 01 2021 00:00:00 GMT+0900 (Korean Standard Time)" 값을 formatDate(data[0][0])으로 실행한 다음 console.log를 실행하니 아래의 그림 「formatDate함수로 데이터[0][0]의 날짜 형태를 변경하기」 실행 로그에서 2021-01-01로 반환되는 것을 확인할 수 있다. 향후에 날짜를 비교하거나 입력을 할 때도 지금 만든 formatDate 함수를 그대로 활용할 수 있다.

이제 원하는 시트에서 지정된 범위의 데이터를 호출하여 data

formatDate함수로 데이터[0][0]의 날짜 형태를 변경하기

```
1  function getScriptData() {
2    //scriptData시트에서 값을 가져와서 data에 할당하기
3    const sheetName = "scriptData";
4    const sheet = SpreadsheetApp.getActive().getSheetByName(sheetName);
5    const lastRow = sheet.getLastRow();
6    const lastCol = sheet.getLastColumn();
7    const headers = sheet.getRange(1,1,1,lastCol).getValues()[0];
8    const data = sheet.getRange(2,1,lastRow-1,lastCol).getValues();
9    console.log(formatDate(data[0][0]));
10   }
11
12  function formatDate(date) {
13    let d = new Date(date);
14
15    //입력된 날짜의 년, 월, 일을 각각 분리하여 할당하기
16    let year = d.getFullYear();
17    let month = '' + (d.getMonth() + 1);
18    let day = '' + d.getDate();
```

실행 로그

오후 4:15:18 알림   실행이 시작됨
오후 4:15:18 정보   2021-01-01
오후 4:15:18 알림   실행이 완료됨

라는 상수에 할당하는 부분까지 성공했다. 그렇다면 data에서 원하는 위칫값을 가져올 수 있어야 한다. 예를 들어 1차원 배열 let data = ['a', 'b', 'c', 'd', 'e']가 있다고 하면 'c'라는 값을 가져오려면 배열의 순서가 0, 1, 2, 3, 4와 같이 시작하기 때문에 data[2]를 입력하면 'c'가 반환되는 것을 확인할 수 있다. 만약 위의 코드「3×5 형태의 배열 리스트」와 같이 3×5 형태의 2차원 배열에서 값을 가져오려면 어떻게 하면 될까?

3×5 형태의 배열 리스트

```
let list = [ ['1A', '1B', '1C', '1D', '1E'],
             ['2A', '2B', '2C', '2D', '2E'],
             ['3A', '3B', '3C', '3D', '3E'] ]
```

다음의 list라는 배열의 경우 행이 3개, 열이 5개로 이루어져 있다. 시트에서 데이터를 가져온다면 보통은 코드「3×5 형태의 배열 리스트」와 같이 2차원 배열 형태로 되어 있을 것이다. '2C'가 들어 있는 위치는 2행 3열이 된다. 해당 값을 선택하려면 앞에서 말한 바와 같이 스크립트에서 배열의 시작은 0부터이기 때문에 각 행렬에 1을 뺀 list[1][2]를 입력하면 원하는 '2C' 값을 반환할 수 있다.

그럼 시트에서 데이터를 가져올 때 위의 list[1][2]와 같이 고정된 숫자를 입력하는 게 좋을까? 만약 고정된 숫자를 입력한다면 당장은 사용할 수 있겠으나 향후 유지보수를 할 경우 어떤 숫자가 어떤 정보를 나타내는 위치인지 알기가 어렵다. 그리고 만약 누군가가 시트에서 작업을 하다가 중간에 열이나 행을 추가하면 코드상에서 선택되는 위치가 바뀔 수 있다. 이런 점을 대비하여 각 데이터의 제목인 header를 별도로 가져오고 그 위치를 고정된 숫자가 아니라 index를 활용하여 위칫값을 반환한다.

const headers = sheet.getRange(1,1,1,lastCol).getValues()[0]와 같이 headers에 sheet의 1행의 데이터를 입력했다. 이 데이터는 ['입사일', '이름', 'ID', 'email', '근무지', '부서', '직무']로 구성되어 있다. 만약 headers에서 '이름'이라는 값의 위치를 가져오려면, const idxOfName = headers.indexOf("이름")와 같이 사용할 수 있고 위칫값은 idxOfName이라는 상수에 할당된다. indexOf(searchvalue)라는 함수는 문자열에서는 특정 문자의 위치를 반환하고 배열에서는 찾고자 하는 값이 배열의 몇 번째 순서에 위치하는지에 대한 위칫값을 반환한다. 만약 찾는 문자가 없다면 -1을 반환한다. 여기서 이름은 두 번째에 위치하기 때문에 idxOfName은 1이라는 값을 가진다. headers의 모든 칼럼의 위치를 선언할 필요가 없다. 또 업무 로직상에서 필요한 위칫값을 특정 상수(const)에 할당한다면 이후 코드를 구현할 때 좀 더 쉽게 원하는 값을 가져올 수 있다.

구글 스프레드시트의 데이터 조작하기
: INSERT/UPDATE/DELETE

지금까지 스프레드시트에서 데이터를 불러오고 데이터의 위칫값을 확인하는 방법에 대해서 배웠다. 이제는 스크립트를 활용하여 스프레드시트에서 새로운 데이터를 입력하고 수정하고 삭제하는 방법에 대해서 알아보자.

앞의 그림 「scriptData의 데이터 정보」의 scriptData의 특정 대상에게 메일을 발송하기 위해서 1행의 우측 H열에 "대상자"를 입력하고 맨 아래에는 필자에게 메일이 전달되도록 이메일 계정 정보를 입력했다. 앞에서 값을 하나 가져올 때는 getValue()를, 여러 개를 가져올 때는 getValues()를 사용했다. 그런데 값을 하나의 셀에 입력할 때는 setValue(입력할 값)를, 여러 셀에 입력할 때는 setValues(입력할 2차원 배열)를 사용한다.

그래서 코드 「scriptData 시트에 값 입력하기」에서 "대상자"라는 값을 입력할 때는 sheet.getRange(1,lastCol+1).setValue("대상자")와 같이 setValue 함수에 문자를 입력하여 1행과 현재 마지막 열의 우측 1칸 뒤에 "대상자"라는 문자가 입력되게 했다. 그리고 맨 아래 필자의 정보들을 입력할 때는 inputData라는 배열을 만들어서 getRange에서의 범위를 (현재 마지막 행 +1행, A열부터, 1개의 행, lastCol까지의 열의 개수)로 지정한 후 inputData를 다시 대괄호로 감싼 2차원 배열을 만들어서 입력했다.

- sheet.getRange(lastRow+1,1,1,lastCol).setValues([inputData])

여기서 참고할 점은 lastCol을 const가 아니라 let으로 선언했다는 점이다. 행렬의 길이가 코드를 실행하는 동안 변하지 않고 신규 할당을 하지 않는다면 상수 const로 lastCol을 선언할 수 있다. 그

scriptData 시트에 값 입력하기

```
function setScriptData() {
  const sheetName = "scriptData"
  const sheet = SpreadsheetApp.getActive().getSheetByName (sheetName)
  const lastRow = sheet.getLastRow()
  let lastCol = sheet.getLastColumn()

  //시트의 1행, 마지막 열 +1의 위치에 대상자 입력하기
  sheet.getRange(1,lastCol+1).setValue("대상자")

  const today = new Date()
  //마지막 열의 위치가 변경됨에 따라 lastCol 갱신하기
  lastCol = sheet.getLastColumn()

  //입력할 데이터를 배열 형태로 기입하기
  let inputData = [formatDate(today),"남동득","Y01","earnest.techhr@gmail.com","
  서울","인사팀","Team Lead","Y"]
  //범위를 시트에 입력하기 위해서 배열을 한 번 더 [ ]로 배열을 감싸서 입력하기
  sheet.getRange(lastRow+1,1,1,lastCol).setValues([inputData])
}
```

러나 "대상자"라는 값이 현재 값이 입력된 열 범위 바깥에 입력되어서 이 값을 갱신해야 변경된 마지막 열의 위치를 가져올 수 있다. 그 때문에 let으로 선언한 후 lastCol = sheet.getLastColumn()을 통해서 한 번 더 호출하여 변경된 열의 길이를 갱신했다.

코드 「scriptData 시트에 값 입력하기」를 실행하면 그림 「scripData에 신규로 입력된 대상자 칼럼과 9행의 필자의 정보」와 같이 scriptData의 H1에 대상자가 입력되고 9행에 필자의 정보가 신규로 입력된 것을 확인할 수 있다.

코드 「scriptData 시트에 값 입력하기」를 통해 새로운 값을 입력하는 방법을 알게 되었다. 입력된 정보를 업데이트하는 방법도 동일하다. 결국 필요한 범위를 지정하고 원하는 값을 입력하면 된다.

scriptData에 신규로 입력된 대상자 칼럼과 9행의 필자의 정보

	A	B	C	D	E	F	G	H
1	입사일	이름	ID	email	근무지	부서	직무	대상자
2	2021-01-01	라이언	A01	A01@gmail.com	서울	인사팀	HR Manager	
3	2022-02-05	그레이스	A02	A02@gmail.com	서울	마케팅팀	Marketing Manager	
4	2022-03-07	루피	B01	B01@gmail.com	서울	회계팀	Accounting Manager	
5	2022-04-05	헤이즐	B02	B02@gmail.com	서울	마케팅팀	Marketing Manager	
6	2022-05-01	스티븐	C01	C01@gmail.com	판교	개발팀	Software Developer	
7	2022-05-30	엘레나	C02	C02@gmail.com	판교	디자인팀	Designer	
8	2022-05-31	루카스	C03	C03@gmail.com	판교	개발팀	Software Developer	
9	2023-03-11	남동득	Y01	earnest.techhr@gmail.com	서울	인사팀	Team Lead	Y

- sheet.getRange("A1").setValue(value)
- sheet.getRange(row, column).setValue(value)
- sheet.getRange(row, column, numRows, numColumns).setValues(values)

그러면 시트에 입력된 데이터를 삭제할 때는 어떻게 해야 할까? 앞의 방식을 배웠다면 누군가는 setValue("")와 같이 빈 문자열을 넣거나 빈 2차원 배열을 넣을 수 있을 것이다. 그렇게 특정 범위의 값이 지워진 것으로 보일 수는 있지만 명확하게 데이터를 삭제한다는 의미에서 다음과 같이 clear() 함수를 사용하여 지정된 범위의 값을 삭제할 수 있다.

- sheet.getRange(row, column).clear()
- sheet.getRange(row, column, numRows, numColumns).clear()

앱스 스크립트를 활용해서 우리가 원하는 스프레드시트의 데이터를 불러오고 원하는 위치에 데이터를 입력하고 삭제하는 방법에 대해서 알아보았다. 앱스 스크립트로 스프레드시트의 데이터를 조회Select, 입력Insert, 수정Update, 삭제Delete를 할 수 있다면 스프레드시트를 제어하는 데 필요한 가장 중요한 부분을 학습했다고 볼 수 있다. 그리고 이와 더불어 실제 업무에서는 언제, 어떤 조건에서, 어떤 업무를 처리하느냐가 매우 중요하다. 그럼 이제는 업무 처리를 위한 방법에 대해서 알아보자.

구글 앱스 스크립트를 활용한 이메일 발송하기

앞에서 대상자가 Y인 데이터를 만들어보았다. 이번에는 대상자가 Y로 표시된 인원에게 원하는 템플릿으로 메일을 보내는 방법에 대해서 알아보자. 이 방법은 SendEmail이라는 함수를 통해 구현할 수 있다. SendEmail은 구글 앱스 스크립트 레퍼런스에서 Mail 〉 MailApp으로 들어가면 확인할 수 있고 함수의 사용 방법은 그림 「구글 앱스 스크립트의 sendEmail 함수 레퍼런스」와 같다.

그림 「구글 앱스 스크립트의 sendEmail 함수 레퍼런스」의 var로 선언된 file과 blob은 메일을 보내기 위한 필수 정보가 아니라 옵션으로, sendEmail(recipient, subject, body, options)에서 options에 들어가는 항목은 생략 가능하니 필수로 입력되는 정보를 중심으로 살펴보자.

스프레드시트를 앱스 스크립트에서 사용할 때 SpreadsheetApp을 호출하여 사용했다. 여기서 MailApp은 앱스 스크립트에서 Mail

구글 앱스 스크립트의 sendEmail 함수 레퍼런스

sendEmail(recipient, subject, body, options)
Sends an email message with optional arguments.

```
// Send an email with two attachments: a file from Google Drive (as a PDF) and an HTML file.
var file = DriveApp.getFileById('1234567890abcdefghijklmnopqrstuvwxyz');
var blob = Utilities.newBlob('Insert any HTML content here', 'text/html', 'my_document.html');
MailApp.sendEmail('mike@example.com', 'Attachment example', 'Two files are attached.', {
    name: 'Automatic Emailer Script',
    attachments: [file.getAs(MimeType.PDF), blob]
});
```

기능을 사용하기 위해서 SpreadsheetApp과 마찬가지로 우선 호출해야 한다는 것을 알 수 있다. MailApp에 있는 sendEmail()이라는 함수는 MailApp.sendEmail("수신자", "제목", "본문")로 이루어져 있고, 추가 옵션으로 마지막 중괄호에서 {name: "발신자 이름", attachments: "첨부파일"}의 형태로 메일을 보낼 수 있다.

그림 「sendEmail 함수의 파라미터 정보」의 Parameters(매개변수)는 필수로 입력되어야 하는 정보이고 Advanced parameters(고급 매개변수)는 옵션에 선택적으로 입력되는 값이라고 볼 수 있다. 옵션 중에 가장 많이 사용하는 것이 bcc(숨김 참조), cc(참조), htmlBody(HTML형태로 본문 변경) 등인데 주로 이 세 가지 파라미터를 사용한다.

그림 「sendEmail 함수의 파라미터 정보」의 sendEmail 레퍼런스를 기준으로 다음 그림 「MailApp.sendEmail 사용하기」와 같이 메일을 보내는 코드를 작성했다. 나머지는 레퍼런스와 동일하지만 바디body 항목에 들어가는 템플릿template이라는 변수에 HtmlService.createTemplate(message)라는 함수를 왜 사용했

sendEmail 함수의 파라미터 정보

Parameters

Name	Type	Description
recipient	String	the addresses of the recipients, separated by commas
subject	String	the subject line
body	String	the body of the email
options	Object	a JavaScript object that specifies advanced parameters, as listed below

Advanced parameters

Name	Type	Description
attachments	BlobSource[]	an array of files to send with the email (see example)
bcc	String	a comma-separated list of email addresses to BCC
cc	String	a comma-separated list of email addresses to CC
htmlBody	String	if set, devices capable of rendering HTML will use it instead of the required body argument; you can add an optional inlineImages field in HTML body if you have inlined images for your email
inlineImages	Object	a JavaScript object containing a mapping from image key (String) to image data (BlobSource); this assumes that the htmlBody parameter is used and contains references to these images in the format <img src="cid:imageKey" />
name	String	the name of the sender of the email (default: the user's name)
noReply	Boolean	true if the email should be sent from a generic no-reply email address to discourage recipients from responding to emails; this option is only possible for Google Workspace accounts, not Gmail users
replyTo	String	an email address to use as the default reply-to address (default: the user's email address)

는지 궁금할 것이다. 우리가 웹브라우저에서 보는 화면은 HTML이라는 마크업 언어markup language로 구성되어 있다. 만약 보내는 메일이 HTML 형태가 아니라 그냥 TEXT 형태라면 웹브라우저에서 지원하는 기능인 줄 바꾸기와 하이퍼링크, 색깔 변경 등을 사용하지 못할 것이다. 그림 「MailApp.sendEmail 사용하기」에서 사용한
 태그는 웹브라우저에서 한 줄을 바꾸라는 HTML코드이다. HtmlService.createTemplate(message)를 사용하면 message라는 변수에 들어간 문자를 HTML 템플릿으로 만들고, evaluate() 함수를 사용하면 HTML 템플릿에 들어간 문자를 HtmlOutPut 형

태로 바꾼다. 이 내용을 getContent()로 가져와서 옵션의 html-Body에 넣으면 원하는 HTML 형태의 메일 본문이 만들어진다. 만약 htmlBody를 지정하지 않으면 message 변수에 입력한 코드가 문자 형태로 메일에 송부되니 꼭 옵션에서 htmlBody를 지정해야 한다. 이렇게 사용하면 깔끔하게 메일이 보내진다.

MailApp.sendEmail 사용하기

```
function sendEmailTest() {
  let toEmail ="earnest.techhr@gmail.com"
  let subject ="Google Apps Script를 활용한 메일 보내기"
  let message ="안녕하세요. GAS메일 보내기 테스트 입니다."+"<br>"+"<br>"
  +"메일발송이 잘 되었는지 확인 부탁드립니다."
  let template = HtmlService.createTemplate(message)
  let ccMail ="earnest@kakao.com"

  MailApp.sendEmail(toEmail, subject, message,
          { htmlBody: template.evaluate().getContent(),cc:ccMail})
}
```

그림 「htmlBody 포함 여부에 따른 메일 본문 비교하기」는 그림 「MailApp.sendEmail 사용하기」의 코드를 통해서 수신자의 계정인 earnest.techhr@gmail.com에 메일을 보낸 내용이다. htmlBody의 차이를 설명하기 위해서 첫 번째 메일은 메일 옵션에서 htmlBody: template.evaluate().getContent()를 입력한 후에 발송한 메일이다. 두 번째 메일은 옵션에서 htmlBody를 제외한 후 발송한 메일이다. 실제 수신된 메일을 통해서 해당 옵션의 차이를 확실히 느낄 수 있을 것이다.

앱스 스크립트에서 메일을 보내는 방법에 대해서 알아보았다.

htmlBody 포함 여부에 따른 메일 본문 비교하기

Google Apps Script를 활용한 메일 보내기 받은편지함 ×

earnest.techhr@gmail.com
나, earnest에게
안녕하세요 GAS메일 보내기 테스트 입니다
메일발송이 잘 되었는지 확인 부탁드립니다.

earnest.techhr@gmail.com
나, earnest에게
안녕하세요 GAS메일 보내기 테스트 입니다

메일발송이 잘 되었는지 확인 부탁드립니다.

실제 업무에서는 위와 같은 형태가 아니라 엑셀이나 스프레드시트에 있는 데이터를 기반으로 각 개인에게 개인화된 메일을 보내는 형태로 사용하게 된다. 앞에서 사용한 scriptData 시트에서 대상자 칼럼의 값이 "Y"인 경우에만 메일을 보내는 함수를 만들어보자.

sheet.getRange(row, column, numRows, numColumns). getValues()를 통해서 특정 범위에서의 데이터를 가져올 수 있다는 것과 해당 함수에서 반환된 값을 const data에 할당했다면 data[numRow][numColumn]로 특정 위치의 데이터를 가져올

스크립터데이터 시트의 데이터 정보

	A	B	C	D	E	F	G	H
1	입사일	이름	ID	email	근무지	부서	직무	대상자
2	2021-01-01	라이언	A01	A01@gmail.com	서울	인사팀	HR Manager	
3	2022-02-05	그레이스	A02	A02@gmail.com	서울	마케팅팀	Marketing Manager	
4	2022-03-07	루피	B01	B01@gmail.com	서울	회계팀	Accounting Manager	
5	2022-04-05	헤이즐	B02	B02@gmail.com	서울	마케팅팀	Marketing Manager	
6	2022-05-01	스티븐	C01	C01@gmail.com	판교	개발팀	Software Developer	
7	2022-05-30	엘레나	C02	C02@gmail.com	판교	디자인팀	Designer	
8	2022-05-31	루카스	C03	C03@gmail.com	판교	개발팀	Software Developer	
9	2023-03-11	남동득	Y01	earnest.techhr@gmail.com	서울	인사팀	Team Lead	Y

수 있다는 것도 알고 있다.

일반적으로 스프레드시트에서 특정 조건을 만족시키는 값을 비교할 때 비교하고자 하는 값의 열의 위치는 고정하고 행의 값은 입력된 범위까지 하나씩 증가하면서 비교해보는 형태로 이루어진다. 이렇게 특정 행동을 지속적으로 반복하는 형태의 코드를 반복문이라고 부른다. 일반적으로 for 반복문과 while 반복문을 많이 사용하는데 for 반복문이 사용성이 좀 더 좋다. for 반복문도 여러 가지 형태가 있는데 가장 기본적인 형태를 중심으로 설명하겠다.

for 반복문의 구조

```
for(초기식 ; 조건식 ; 증감식 ){
    조건식이 참인 동안 반복적으로 실행할 내용
}
for(let i = 0 ; i<data.length ; i++ ){
    // i는 0부터 시작하고, i의 값이 data의 길이보다 작을 때까지 반복하며, 한 번 반복할 때마다 i는 1씩 증가한다.
}
```

코드 「for 반복문의 구조」는 시트에서 원하는 범위의 값을 data에 할당하고 data의 길이만큼 반복하여 함수를 실행하게 하는 for반복문의 기본 구조이다. 2차원 배열의 length는 data의 행의 길이이며 0부터 시작하여 1씩 증가하면 data의 모든 행의 값을 하나씩 비교해볼 수 있다.

scriptData에 있는 데이터에서 대상자가 "Y"인 경우 해당 조건에 맞는 인원에게 개인화된 이메일을 발송하는 함수 sendEmail-

scriptData에 있는 대상자에게 이메일 발송하기

```
function sendEmailWithData() {
  //scriptData시트에서 값을 가져와서 data에 할당하기
  const sheetName = "scriptData";
  const sheet = SpreadsheetApp.getActive().getSheetByName (sheetName);
  const lastRow = sheet.getLastRow();
  const lastCol = sheet.getLastColumn();
  const headers = sheet.getRange(1,1,1,lastCol).getValues()[0];
  const data = sheet.getRange(2,1,lastRow-1,lastCol).getValues();

  //칼럼의 위칫값 할당하기
  const idxOfName = headers.indexOf("이름");
  const idxOfEmail = headers.indexOf("email");
  const idxOfExcu = headers.indexOf("대상자");

  //참조 메일 지정하기
  let ccMail = "earnest@kakao.com";

  //데이터를 반복하여 대상자가 Y인 경우 메일을 보내고 완료 처리하기
  for(let i=0; i<data.length ; i++){
    if(data[i][idxOfExcu]=="Y"){
      let toEmail = data[i][idxOfEmail];
      let subject = "[Google Apps Script] Test Mail to "+data[i][idxOfName];
      let message = "안녕하세요. "+data[i][idxOfName]+"님"+"<br>"
                    +"이메일은 테스트를 위해서 "+toEmail+"에 보내는 메일입니다."+"<br>"+"<br>"
                    +"감사합니다.";
      let template = HtmlService.createTemplate(message);
      MailApp.sendEmail(toEmail, subject, message,
              { htmlBody: template.evaluate().getContent(),cc:ccMail});
      //메일 송부 후 대상자의 "Y"값을 완료로 변경하기
      sheet.getRange(i+2,idxOfExcu+1).setValue("완료");
    }
  }
}
```

WithData는 코드 「scriptData에 있는 대상자에게 이메일 발송하기」와 같다. 여기서 한 가지 알고 가야 하는 점은 값을 할당할 때

는 =(등호)를 입력하지만 같은 값인지를 비교할 때는 ==(이중 등호)를 사용하고 같은 값이 아닌지 비교할 때는 !=(느낌표와 등호)를 사용한다. 그리고 A가 B보다 작은지를 비교할 때는 A〈B, A가 B보다 큰지를 비교할 때는 A〉B, A가 B보다 작거나 같은지를 비교할 때는 A〈=B, A가 B보다 크거나 같은지를 비교할 때는 A〉=B를 사용한다.

 원하는 결과를 얻기 위해서 for 반복문과 if 조건문을 활용했다. headers의 칼럼의 위칫값을 기준으로 원하는 모든 행의 값을 비교해볼 수 있었다. 대상자가 "Y"인 메일이 발송된 이후에 재발송되지 않게 하기 위해서 대상자의 "Y"값을 "완료"로 변경했다. 여기서 getRange의 row와 num의 값이 i+2, idxOfExcu+1로 되어 있는데 호출한 data 값의 시작은 시트의 2행부터이고 열은 1열부터 시작되기 때문에 각 행렬에 2와 1을 더해서 원하는 위치의 데이터를 입력했다. 코드 「scriptData에 있는 대상자에게 이메일 발송하기」의 실행 결과는 그림 「sendEmailWithData 함수 실행 시 발송된 이메일」과 같다. 대상자에게는 이름을 포함하여 개인화된 메일이 발송되었다.

 그리고 그림 「sendEmailWithData 함수에 의해 갱신된 script-Data」와 같이 9행의 H열 대상자의 "Y"였던 값이 "완료"로 변경된 것을 확인할 수 있다. 이후에 다른 조건으로 여러 형태의 메일을 발송하는 경우가 생긴다면 위의 코드에서 일부 조건문과 메일 내용을 수정하여 원하는 결과를 얻을 수 있을 것이다.

sendEmailWithData 함수 실행 시 발송된 이메일

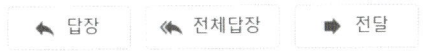

sendEmailWithData 함수에 의해 갱신된 scriptData

구글 캘린더 조작하기

업무상 구글 캘린더를 사용하고 있고 캘린더를 기반으로 회의를 잡거나 이벤트를 관리한다면 캘린더를 잘 다루고 관리하는 것은 업무상 필수일 수밖에 없다. 만약 특정 업무가 입력된 일자로부터 언제까지 처리되어야 하는지 자동으로 캘린더에 기록된다면 업무를 놓치는 일이 줄어들고 관리도 훨씬 쉬워질 것이다. 만약 회사에서 신규 입사자가 생겨 특정 시점마다 미팅이 필요하다면 입사 후 특정일 이후에 해야 하는 일에 대해서도 캘린더에 미리 기록해두면 업무를 좀 더 효율적으로 처리하는 데 도움이 될 것이다. 지금부터는 앱스 스크립트로 캘린더를 다루는 법에 대해서 알아보자.

먼저 스크립트 편집기에서 구글 캘린더와 연동을 한다면 Google Calendar API 서비스 추가가 필요하다. 그림 「스크립트 편집기에서 구글 캘린더 API 추가하기」와 같이 좌측 상단의 〈 〉(편집기)를 클릭하고 서비스 + 버튼을 누르면 서비스 추가 화면이 나온다. Google Calendar API 문서를 선택하면 아래 식별자 칸에 Calendar가 선택된다. 그리고 하단 우측의 파란색 추가 버튼을 누르면 Calendar가 추가된다.

그림 「스크립트 편집기에 추가된 캘린더 서비스 확인하기」와 같이 서비스 아래에 Calendar가 추가되었고 appsscript.json 파일을 보면 enabledAdvancedServices 항목에 Calendar가 추가된 것을 확인할 수 있다. 이후에 다른 API를 사용한다면 appsscript.json 파

스크립트 편집기에서 구글 캘린더 API 추가하기

스크립트 편집기에 추가된 캘린더 서비스 확인하기

일에서 추가된 서비스를 확인할 수 있다.

이처럼 Calendar API를 연동했다. 먼저 Calendar API가 어떻게 작동하는지에 대해서 알아보자. Calendar API는 Google Calendar for Developers > Calendar API에서 해당 API 구조에 관해서 확인할 수 있다.

https://developers.google.com/calendar/api/guides/create-events에서 신규 캘린더를 생성하는 방식에 대해서 볼 수 있다. 코드 「캘린더 API에서 이벤트 생성에 대한 샘플 코드」와 같이 event라는 RestAPI 형태의 자료 구조를 만들고 gapi.client.calendar.events.insert 함수를 호출해서 이벤트를 등록하는 방법을 확인할 수 있다.

코드 「캘린더 API에서 이벤트 생성에 대한 샘플 코드」의 코드는 API 양식과 전달 방식에 대한 구조를 파악하는 정도로 인식하고 앱스 스크립트에서 캘린더를 등록하는 방법에 대해서 알아보자. 먼저 위의 샘플 코드에서 event라는 변수를 필자는 payload라고

캘린더 API에서 이벤트 생성에 대한 샘플 코드

Calendar API : javascript Sample

```javascript
// Refer to the JavaScript quickstart on how to setup the environment:
// https://developers.google.com/calendar/quickstart/js
// Change the scope to 'https://www.googleapis.com/auth/calendar' and delete any
// stored credentials.

var event = {
  'summary': 'Google I/O 2015',
  'location': '800 Howard St., San Francisco, CA 94103',
  'description': 'A chance to hear more about Google\'s developer products.',
  'start': {
    'dateTime': '2015-05-28T09:00:00-07:00',
    'timeZone': 'America/Los_Angeles'
  },
  'recurrence': [
    'RRULE:FREQ=DAILY;COUNT=2'
  ],
  'attendees': [
    {'email': 'lpage@example.com'},
    {'email': 'sbrin@example.com'}
  ],
  'reminders': {
    'useDefault': false,
    'overrides': [
      {'method': 'email', 'minutes': 24 * 60},
      {'method': 'popup', 'minutes': 10}
    ]
  }
};

var request = gapi.client.calendar.events.insert({
  'calendarId': 'primary',
  'resource': event
});

request.execute(function(event) {
  appendPre('Event created: ' + event.htmlLink);
});
```

선언하고 동일한 구조의 데이터를 만들었다.

기본으로 들어가야 하는 정보는 캘린더의 start와 end 일자, summary라는 캘린더 제목, description이라는 캘린더 본문이다. 추가 참석자가 없다면 attendees를 입력하지 않아도 된다. 참석자가 있다면 {'email': '참석자 이메일 주소'} 형태로 대괄호 안에서 쉼표(,)로 연결해서 입력하면 참석자가 추가된다. 코드 「캘린더에 이벤트를 등록하는 코드 작성하기」에 생성된 insertCalendar 함수에서 주의할 점은 calendarId는 캘린더 서비스의 권한을 부여한 계정의 메일(일반

캘린더에 이벤트를 등록하는 코드 작성하기

```
function insertCalendar() {
  //본인이 사용하는 이메일 주소를 캘린더 ID에 할당하기
  let calendarId = "earnest.techhr@gmail.com"
  const today = new Date()
  let schedule = formatDate(today)
  let summary = "Google Apps Script to Calendar"
  let description = "테스트로 캘린더 일정을 생성하였습니다."+"\n"
    +calendarId+"에 일정이 등록되었습니다."

  //payload에 캘린더 이벤트 생성에 필요한 정보 입력하기
  let payload = {
    "start": {
      "date": schedule,
    },
    "end": {
      "date": schedule,
    },
      "attendees": [{ email: "earnest.kor@gmail.com" }],
      "summary": summary,
      "description": description
    }
  //캘린더 이벤트를 캘린더 ID를 기준으로 생성하기
  let res = Calendar.Events.insert(payload, calendarId)
  console.log(res.id)
}
```

console.log(res.id)로 확인한 캘린더의 ID 정보

실행 로그		
오후 10:02:42 알림	실행이 시작됨	
오후 10:02:43 정보	ivp2q41m7ceiog9jit0igmqapg	
오후 10:02:43 알림	실행이 완료됨	

적으로 사용자 이메일 주소)을 입력해야 한다. 만약 권한이 없는 이메일을 입력하면 오류가 발생하여 해당 코드를 사용할 수 없다.

코드 「캘린더에 이벤트를 등록하는 코드 작성하기」를 실행하면 아래 실행 로그에서 console.log(res.id)의 정보가 다음과 같이 나타난다. 이는 캘린더가 정상 등록되었고 등록된 캘린더 이벤트의 고유한 ID 값은 그림 「console.log(res.id)로 확인한 캘린더의 ID 정보」의 문자열이다. 향후에 이미 등록된 캘린더의 정보를 업데이트하거나 삭제할 때 해당 ID 값을 기준으로 관리된다. 지금은 이러한 방식으로 캘린더에서 생성한 이벤트 ID를 가져올 수 있다는 것과 이후 변경을 고려해서 따로 저장해서 관리할 필요가 있다는 것 정도만 기억하고 넘어가자.

그리고 https://calendar.google.com/에 접속하면 본인의 캘린더 이벤트를 볼 수가 있다. 그림 「신규 이벤트 생성된 캘린더 이벤트」와 같이 캘린더에 신규 이벤트가 등록된 것을 확인할 수 있다. 그리고 요즘은 대면 회의 참석이 불가능한 사람들을 고려해서 구글 미트Google Meet로 화상회의도 기본으로 입력하다 보니 화상회의도 넣고 싶다는 생각이 들 수 있다.

화상회의를 추가하려면 코드 「화상회의를 포함한 캘린더 이벤트

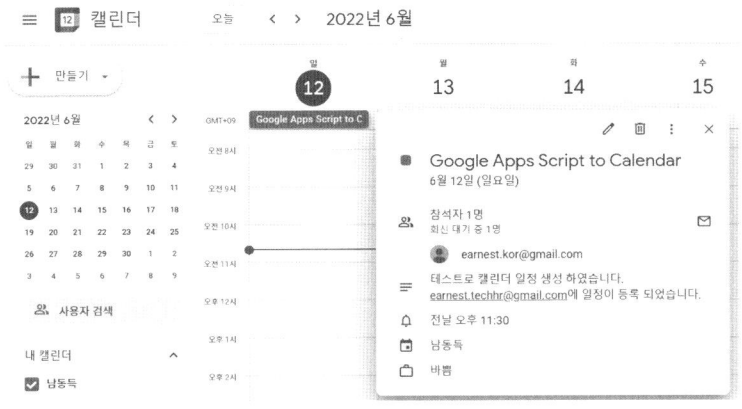

신규 이벤트 생성된 캘린더 이벤트

생성하기」와 같이 payload에 conferenceData를 추가하여 정보를 넣고 Calendar.Events.insert(payload, calendarId, {"conferenceDataVersion": 1})를 호출할 때 conferenceDataVersion을 1로 하면 된다. 기본은 0이므로 0을 입력하면 화상이 없는 일반 미팅이 되고 1을 입력하면 화상 링크가 포함된 미팅이 생성된다. 그리고 requestId는 보통 무작위로 문자열을 넣는데 요청하는 ID를 사용할 일은 없기 때문에 아무 값이나 넣어도 무방하다.

코드「화상회의를 포함한 캘린더 이벤트 생성하기」의 실행 결과 Google Meet with Apps Script to Calendar라는 제목으로 구글 미트 회의를 포함한 신규 이벤트가 생성된 것을 그림「신규 이벤트 생성된 캘린더 이벤트」에서 확인할 수 있다.

구글에서 보통 날짜를 기준으로 이벤트를 생성하면 그림「신규 이벤트 생성된 캘린더 이벤트」와 같이 캘린더 맨 위에 하루를 전체

화상회의를 포함한 캘린더 이벤트 생성하기

```
function insertCalendarWithMeet() {
  //본인이 사용하는 이메일 주소를 캘린더 ID에 할당
  let calendarId = "earnest.techhr@gmail.com"
  const today = new Date()
  let schedule = formatDate(today)
  let summary = "Google Meet with Apps Script to Calendar"
  let description = "테스트로 캘린더 일정을 생성하였습니다."+"\n"
    +calendarId+"에 일정이 등록되었습니다."
  let requestId = "testCalendar"

  //payload에 캘린더 이벤트 생성에 필요한 정보 입력
  //화상회의를 위한 conferenceData 정보 입력
  let payload = {
    "start": {
      "date": schedule,
    },
    "end": {
      "date": schedule,
    },
      "attendees": [{ email: "earnest.kor@gmail.com" }],
      "summary": summary,
      "description": description,
      "conferenceData": {
        "createRequest": {
          "requestId": requestId
        }
      }
    }
    //캘린더 이벤트 생성 시 conferenceDataVersion 1로 하여 화상회의 추가
    let res = Calendar.Events.insert(payload, calendarId, {"conference
DataVersion": 1})
  console.log(res.id)
}
```

로 잡은 이벤트가 생성된다. 그러면 특정일의 특정 시간으로 이벤트를 잡을 때는 어떻게 해야 할까? 코드 「시간을 기준으로 캘린더 이벤트 생성하기」와 같이 payload에서 start와 end에 date가 아니라 dateTime과 timeZone이 추가되었다. timeZone은 그림 「스

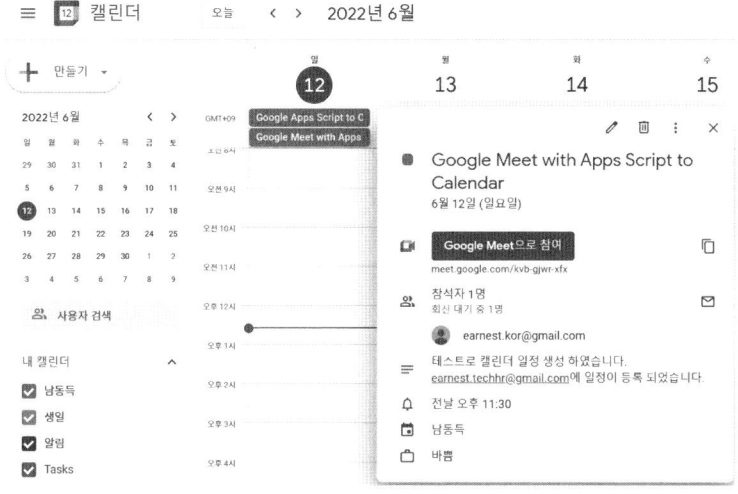

신규 이벤트 생성된 캘린더 이벤트(Google Meet 포함)

크립트 편집기에 추가된 캘린더 서비스 확인하기」와 같이 편집기 좌측의 appsscript.json에서 "timeZone": "Asia/Seoul"로 입력된 것을 확인할 수 있다. timeZone을 직접 "Asia/Seoul"로 입력해도 되지만, CalendarApp.getCalendarById(calendarId).getTime-Zone()을 통해서 현재 사용하는 캘린더 ID의 정보를 기준으로 설정된 timeZone의 정보를 가져올 수 있기 때문에 해당 코드를 사용했다.

그리고 각 dateTime에서 schedule은 2022-06-12와 같은 날짜 형태이고 "T"는 시간을 표시하는 문자와 희망하는 이벤트의 시간을 24시간 기준으로 입력하게 되어 있다. 코드 「시간을 기준으로 캘린더 이벤트 생성하기」의 start에서 dateTime은 "2022-06-12T14:00:00"으로, end에서 dateTime은 "2022-06-12T14:30:00"

시간을 기준으로 캘린더 이벤트 생성하기

```javascript
function insertCalTimeWithMeet() {
  //본인이 사용하는 이메일 주소를 캘린더 ID에 할당하기
  let calendarId = "earnest.techhr@gmail.com"
  const today = new Date()
  let schedule = formatDate(today)
  let summary = "Google Meet with Apps Script to Calendar"
  let description = "테스트로 캘린더 일정을 생성하였습니다."+"\n"
    +calendarId+"에 일정이 등록되었습니다."
  let requestId = "testCalendar"

  //설정된 TimeZone 정보 가져오기
  const timeZone = CalendarApp.getCalendarById(calendarId).getTimeZone()

  let payload = {
    "start": {
      "dateTime": schedule+"T"+"14:00:00",
      "timeZone": timeZone
    },
    "end": {
      "dateTime": schedule+"T"+"14:30:00",
      "timeZone": timeZone
    },
      "attendees": [{ email: "earnest.kor@gmail.com" }],
      "summary": summary,
      "description": description,
      "conferenceData": {
        "createRequest": {
          "requestId":requestId
        }
      }
    }
  //캘린더 이벤트 생성 시 conferenceDataVersion 1로 하여 화상회의 추가하기
  let res = Calendar.Events.insert(payload, calendarId, {"conferenceDataVersion": 1})
  console.log(res.id)
}
```

으로 입력하여 2022년 6월 12일 오후 2시에서 2시 반까지 30분 이벤트를 등록했다.

코드 「시간을 기준으로 캘린더 이벤트 생성하기」를 실행한 후 캘린더에 접속하면 그림 「신규 이벤트 생성된 캘린더 이벤트」와 같이 오후 2:00~2:30에 이벤트가 잡힌 것을 확인할 수 있다. 이후에 스프레드시트에 날짜와 시간 정보가 있다면 반복문을 활용하여 해당 정보를 dateTime에 입력해서 다수의 이벤트를 자동 등록할 수 있을 것이다. 그리고 코드 「시간을 기준으로 캘린더 이벤트 생성하기」의 res.id의 값은 신규로 생성된 캘린더 이벤트의 ID 값이 되는데 이후에 캘린더 이벤트를 삭제 또는 수정하기 위해서 꼭 필요한 정보이다. 이러한 이유로 스프레드시트를 통해서 일괄 업데이트를 한다면 이벤트를 등록할 때마다 스프레드시트의 같은 행에 따라 저장해두는 것을 추천한다.

이제 앱스 스크립트를 통해서 캘린더를 등록하는 방법에 대해서 배워보았다. 캘린더 등록 시 화상회의 포함 여부와 일 단위 또는 시간 단위로 이벤트를 등록하는 방법들이다. 그런데 일을 하다 보면 이벤트의 일정이 바뀌는 경우들이 있다. 일정을 수정하거나 삭제가 필요할 경우는 어떻게 해야 할까?

우선 생성된 이벤트의 일정을 수정하는 함수 updateCalTimeWithMeet를 만들고 등록된 캘린더의 제목, 시간, 참석자를 수정해 보았다. 이전의 신규 이벤트의 일정을 생성하는 함수와 다른 부분은 표시해 두었다. 여기에서 가장 중요한 부분은 실행 로그에서 보이는 이벤트 ID 값을 입력해야 한다는 부분이다.

위의 함수가 실행되면 아래와 같이 기존 캘린더의 정보가 수정된 정보로 변경된 것을 확인할 수 있다. 만약 이전에 등록된 캘

신규 이벤트 생성된 캘린더 이벤트(오후 2:00~2:30 미팅)

린더 정보를 일부 유지한 채 변경해야 하는 경우에는 Calendar. Events.update 함수를 활용하는 것이 좋다.

그리고 이벤트를 삭제하는 부분은 상당히 심플하다. 캘린더 ID와 이벤트 ID만 알고 있다면 바로 Calendar.Events.remove를 통해서 삭제를 할 수 있다. 만약 향후에 다수의 이벤트를 업데이트하거나 삭제해야 한다면 Calendar.Event 함수를 for문을 통해서 반복적으로 처리를 하면 손쉽게 원하는 결과를 얻을 수 있을 것이다. 앱스 스크립트를 통해서 캘린더를 생성하고 수정하고 삭제할 수 있다면 구글 캘린더를 업무상 다루는 데 필요한 주요 기능들은 학습했다.

캘린더의 이벤트 업데이트하기

```
function updateCalTimeWithMeet() {
  //본인이 사용하는 이메일 주소를 캘린더 ID에 할당
  let calendarId = "earnest.techhr@gmail.com"
  const today = new Date()
  let schedule = formatDate(today)
  let summary = "Update Google Meet with Apps Script to Calendar"
  let description ="테스트로 캘린더 일정 생성 하였습니다."+"\n"
    +calendarId+"에 일정이 등록 되었습니다."
  let requestId = "testCalendar"

  const timeZone = "Asia/Seoul"
  //payload에서 변경이 필요한 정보 수정
  let payload = {
    "start": {
      "dateTime": schedule+"T"+"16:00:00",
      "timeZone": timeZone
    },
    "end": {
      "dateTime": schedule+"T"+"16:30:00",
      "timeZone": timeZone
    },
      "attendees": [{ email: "earnest.kor@gmail.com"},{ email: "earnest.nam@gmail.co.kr"}],
      "summary": summary,
      "description": description,
      "conferenceData":{
        "createRequest":{
          "requestId":requestId
        }
      }
    }
  //이벤트 등록 시 console.log(res.id)에서 확인된 캘린더 이벤트 ID를 exEventId에 할당
  let exEventId ="ivp2q41m7ceiog9jit0igmqapg"
  //이벤트 ID를 기준으로 하여 payload의 정보 업데이트
  let res = Calendar.Events.update(payload, calendarId, exEventId)
  console.log(res.id)
}
```

신규 이벤트 생성된 캘린더 이벤트(오후 4:00~4:30 미팅)

캘린더의 이벤트 삭제하기

```
function removeCal(){
  let calendarId = "earnest.techhr@gmail.com"
  let exEventId = "ivp2q41m7ceiog9jit0igmqapg"
  Calendar.Events.remove(calendarId,exEventId)
}
```

구글 드라이브의 파일 조작하기: 생성/수정/삭제

구글 워크스페이스에서 특정 개인들을 위한 워드 파일을 만들어서 각 개인에게 제공해야 하는 경우가 있을 수 있다. 예를 들어 동일한 형태의 계약서에 계약자 정보만 바꾼 PDF를 만들어서 개인별로 제공해야 하는 경우이다. 이럴 때는 특정 형태의 DOC 파일의 템플릿을 만들어서 특정 위치에 계약자 정보를 넣어 개인화된 계약서를 자동으로 생성하는 코드를 만들면 업무가 한결 편리해진다. 먼저 docs.new를 통해서 새로운 doc 문서를 생성하여 그림「자동 업데이트할 계약서 양식」와 같이 계약서를 만든다. 《《이름》》, 《《이메일》》, 《《주소》》, 《《연락처》》, 《《일자》》의 데이터를 스프레드시트에 있는 데이터로 자동 입력하여 파일을 생성하는 함수를 만들어보겠다.

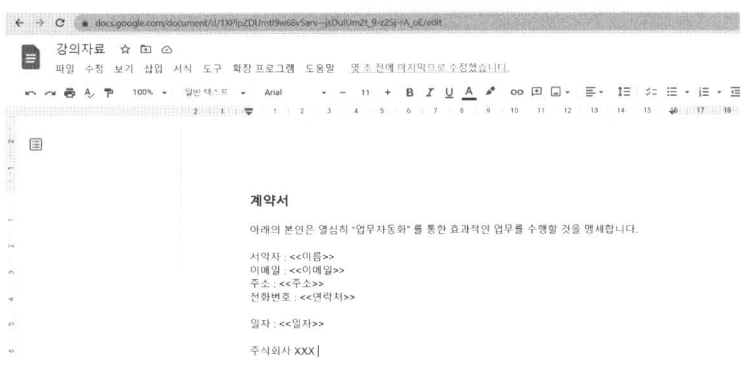

자동 업데이트할 계약서 양식

그림「DOC정보 시트에 입력된 값」과 같이 DOC정보라는 시트에 두 명의 계약자 정보를 입력하고 그림「자동 업데이트할 계약서 양식」의 계약서 템플릿을 복사한다. 복사된 템플릿의 《《Value》》에서의 Value이름과 DOC정보 시트의 1행의 칼럼명과 일치하는 위치의 데이터를 《《Value》》에 입력한 후 입력된 파일의 URL과 ID를 DOC정보 시트에 입력하는 코드를 만들어보겠다.

먼저 2개의 개인화된 DOC 파일을 만들기 위해서 createDocs라는 함수를 만들어보자. 순서는 다음과 같다.

DOC정보 시트에 입력된 값

	A	B	C	D	E	F
1	이름	이메일	주소	연락처	일자	파일URL
2	남동득	earnest.kor@gm	서울시 마포구	010-1234-5678	2022-07-01	
3	남반장	earnest.techhr@	서울시 강남구	010-5678-1234	2022-06-01	
4						

DOC정보 ▼ · scriptData ▼ · sheetT ▼ · 날짜 ▼ · 요일 ▼ · 시트

1. 스프레드시트의 "DOC정보"에서 데이터를 가져온다.
2. 데이터를 넣고자 하는 DOC 파일(템플릿)을 호출하기 위해서 TEMPLATE_ID를 가져온다. 그림 「자동 업데이트할 계약서 양식」의 URL docs.google.com/document/d/1XPlpZDUmtl9w68vSarv--jsDulUm2t_9-z2sj-rA_oE/edit에서 document/d/와 /edit 사이 문자열의 값이 TEMPLATE_ID이다.
3. 해당 템플릿을 불러온 후 파일을 복사하고 파일 권한을 설정한다.
4. 파일 내용 중 변경해야 할 부분에 원하는 값을 넣는다.
5. 복사한 계약서 파일을 저장하고 닫은 후 파일의 URL과 ID를 DOC 정보 시트에 입력한다.

코드 「특정 템플릿에 원하는 정보를 넣은 DOC 파일 생성하기」를 실행하면 그림 「새롭게 생성된 두 개의 계약서 파일」과 같이 두 개의 DOC 파일이 생성된 것을 확인할 수 있다.

그리고 DOC정보 시트에 가면 그림 「DOC정보 시트의 파일URL에 등록된 파일 링크」와 같이 파일URL과 파일ID에 링크와 ID 값이 각각 생성된 것을 확인할 수 있다. F2 셀의 링크를 클릭하면 해

특정 템플릿에 원하는 정보를 넣은 DOC 파일 생성하기

```
function createDocs() {
  //스프레드시트 정보 불러오기
  const sheetName = "DOC정보"
  const sheet = SpreadsheetApp.getActive().getSheetByName (sheetName);
  const lastCol = sheet.getLastColumn()
  const lastRow = sheet.getLastRow()
  const headers = sheet.getRange(1,1,1,lastCol).getValues()[0]
  const data = sheet.getRange(2,1,lastRow-1,lastCol).getValues()

  //칼럼의 위치 정보 기록하기
  const idxOfName = headers.indexOf("이름");
  const idxOfEmail = headers.indexOf("이메일");
  const idxOfAddress = headers.indexOf("주소");
  const idxOfPhone = headers.indexOf("연락처");
  const idxOfDay = headers.indexOf("일자");
  const idxOfFileID = headers.indexOf("파일ID");
  const idxOfFileLink = headers.indexOf("파일URL");

  //DOC 템플릿 파일 불러오기
  const TEMPLATE_ID = '1XPlpZDUmtI9w68vSarv--jsDuIUm2t_9-z2Sj-rA_oE'
  const templateFile = DriveApp.getFileById(TEMPLATE_ID)

  for(let i = 0 ; i<data.length ; i++){
    if(!data[i][idxOfFileLink]){
      //복사본 생성하기
      let fileName = data[i][idxOfName]+"_계약서"
      let copyFile = templateFile.makeCopy(fileName)
      let copyId = copyFile.getId()
      let copyURL = copyFile.getUrl()
      //권한 부여하기
      copyFile.setSharing(DriveApp.Access.PRIVATE, DriveApp.Permission.EDIT)
      let editors = ["earnest.techhr@gmail.com",data[i][idxOfEmail]]
      copyFile.addEditors(editors)
      //정보 수정하기
      let copyDoc = DocumentApp.openById(copyId)
      let copyBody = copyDoc.getActiveSection()
      copyBody.replaceText('<<이름>>', data[i][idxOfName])
      copyBody.replaceText('<<이메일>>', data[i][idxOfEmail])
      copyBody.replaceText('<<주소>>', data[i][idxOfAddress])
      copyBody.replaceText('<<연락처>>', data[i][idxOfPhone])
      copyBody.replaceText('<<일자>>', formatDate(data[i][idxOfDay]))
```

```
      copyDoc.saveAndClose()
      //파일 URL 입력하기
      sheet.getRange(i+2,idxOfFileID+1).setValue(copyId)
      sheet.getRange(i+2,idxOfFileLink+1).setValue(copyURL)
    }
  }
}

function formatDate(date) {
  let d = new Date(date)
  let year = d.getFullYear()
  let month = '' + (d.getMonth() + 1)
  let day = '' + d.getDate()

  if (month.length < 2) month = '0' + month
  if (day.length < 2) day = '0' + day

  return [year, month, day].join('-')
}
```

새롭게 생성된 두 개의 계약서 파일

DOC정보 시트의 파일URL에 등록된 파일 링크

새로 생성된 파일의 내용

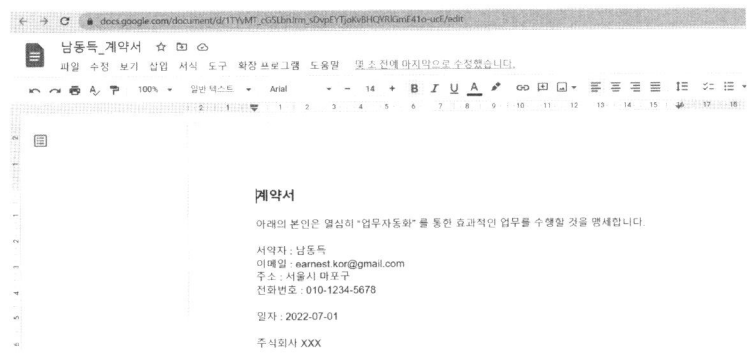

당 파일을 바로 확인할 수 있다.

해당 파일의 템플릿에 《《이름》》, 《《이메일》》, 《《주소》》, 《《연락처》》, 《《일자》》 등의 정보가 그림 「새로 생성된 파일의 내용」과 같이 스프레드시트의 정보로 업데이트된 것을 확인할 수 있다.

그리고 다음 코드와 같이 권한을 부여했다. 그림 「파일에 부여된 권한 정보」에서 보면 해당 권한이 정확하게 부여된 것을 확인할 수 있다.

```
copyFile.setSharing(DriveApp.Access.PRIVATE, DriveApp.Permission.EDIT)
let editors =["earnest.techhr@gmail.com",data[i][idxOfEmail]]
copyFile.addEditors(editors)
```

구글 앱스 스크립트 레퍼런스에서 setSharing 함수를 찾아보면 setSharing(accessType, permissionType)으로 사용할 수 있다. 액세스Access는 그림 「DriveApp.Access의 AccessType의 속성값」과 같이 5개의 속성이 있는 것을 알 수 있다. 권한이 있는 특정 사용자만 접근할 수 있는 PRIVATE를 사용했는데 DriveApp.Access.PRIVATE을 입력하면 제한된 인원만 파일에 접근할 수 있다.

파일에 부여된 권한 정보

DriveApp.Access의 AccessType의 속성값

Properties

Property	Type	Description
ANYONE	Enum	Anyone on the Internet can find and access. No sign-in required. Domain administrators can prohibit this setting for users of a Google Workspace domain. If the setting is disabled, passing this value to `File.setSharing(accessType, permissionType)` throws an exception.
ANYONE_WITH_LINK	Enum	Anyone who has the link can access. No sign-in required. Domain administrators can prohibit this setting for users of a Google Workspace domain. If the setting is disabled, passing this value to `File.setSharing(accessType, permissionType)` throws an exception.
DOMAIN	Enum	People in your domain can find and access. Sign-in required. This setting is available only for users of a Google Workspace domain. For other types of Google accounts, passing this value to `File.setSharing(accessType, permissionType)` throws an exception.
DOMAIN_WITH_LINK	Enum	People in your domain who have the link can access. Sign-in required. This setting is available only for users of a Google Workspace domain. For other types of Google accounts, passing this value to `File.setSharing(accessType, permissionType)` throws an exception.
PRIVATE	Enum	Only people explicitly granted permission can access. Sign-in required.

    Permission은 그림 「DriveApp.Permission의 permissionType의 속성값」과 같이 어떤 권한을 줄 것인가를 정할 수 있다. 다음의 속성 중 EDIT(수정) 권한을 부여하기 위해서 DriveApp.Permission.EDIT를 사용했다.

    addEditors 함수를 통해서 수정 권한이 필요한 계정을 배열 형

식으로 입력하면 권한이 추가된다. 수정 권한이 부여된 사람에게

DriveApp.Permission의 permissionType의 속성값

Properties

Property	Type	Description
VIEW	Enum	Users who can access the file or folder are able only to view it or copy it. Passing this value to File.setSharing(accessType, permissionType) throws an exception if the type of file does not support it.
EDIT	Enum	Users who can access the file or folder are able to edit it. Unless File.setShareableByEditors(shareable) is set to false, users can also change the sharing settings. Passing this value to File.setSharing(accessType, permissionType) throws an exception if the type of file does not support it.
COMMENT	Enum	Users who can access the file or folder are able only to view it, copy it, or comment on it. Passing this value to File.setSharing(accessType, permissionType) throws an exception if the type of file does not support it.
OWNER	Enum	The user owns the file or folder. This value can be returned, but passing it to File.setSharing(accessType, permissionType) throws an exception.
ORGANIZER	Enum	Users who can organize files and folders within a shared drive. This value can be returned, but passing it to File.setSharing(accessType, permissionType) throws an exception.
FILE_ORGANIZER	Enum	Users who can edit, trash, and move content within a shared drive. This value can be returned, but passing it to File.setSharing(accessType, permissionType) throws an exception.
NONE	Enum	The user does not have any permissions for the file or folder. This value can be returned, but passing it to File.setSharing(accessType, permissionType) throws an exception unless it is set in combination with Access.ANYONE.

는 시스템에서 자동으로 메일이 발송된다.

　업무상 문서 파일과 공문을 전달할 때 보통 PDF로 변환하여 파일을 제공하는 경우가 많다. 앱스 스크립트를 활용해서 DOC 파일을 PDF로 변환하는 방법에 대해서 우선 알아보자. 먼저 생성될 PDF 파일을 저장할 폴더를 새로 만든다. 그림 「새로 만들기 〉 폴더 만들기」와 같이 + 새로 만들기 버튼을 누르면 폴더 항목이 보이는데 폴더를 클릭하면 새 폴더를 만들 수 있다. 필자는 계약서 PDF 라는 폴더를 새로 만들었다.

　폴더에 들어가면 아직은 아무것도 보이지 않는다. 이전에 TEM-PLATE_ID처럼 폴더도 이름과 ID를 가지고 있다. 해당 폴더의 이

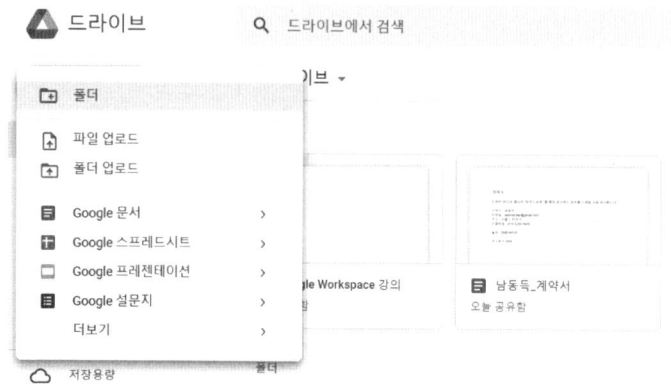

름은 계약서PDF이고 FOLDER_ID는 브라우저 상단 URL drive. google.com/drive/folders/1pQYw4knuuyb_CYpaldQ2lbF-FLivwoKfD에서 folders/ 뒤쪽의 문자열이 폴더 ID이다. 이후 스크립트에서 폴더를 호출하기 위해서는 해당 문자열을 입력하면 된다.

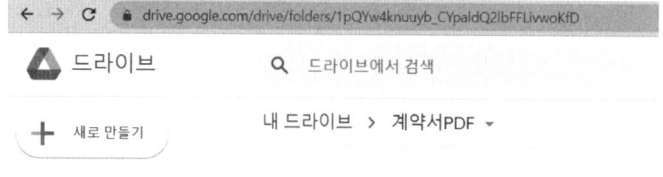

계약서PDF 폴더의 폴더 정보와 URL을 통한 FOLDER_ID 확인하기

워드로 문서를 작업할 때 PDF로 저장하는 방법은 다음과 같다.

1. 문서 작성을 완료한 후 'PDF로 내보내기'를 클릭한다.

2. 저장된 PDF 파일을 복사하여 원하는 폴더에 이동한다.
3. 이동하기 전의 파일은 삭제한다.
4. 복사본 폴더로 가서 파일이 잘 복사되었는지 확인한다.
5. 해당 파일의 정보를 기록한다.

스크립트도 이와 같이 사람이 하는 방법과 동일한 형태로 작동한다. 필자는 PDF로 변환하기 위해서 changePdfs()라는 함수를 만들었다. 먼저 변환하기 원하는 파일의 ID를 가져와야 한다. 이 부분은 이전에 사용한 코드와 동일하다. 그리고 DriveApp을 통해 원하는 파일을 불러와서 PDF 파일을 생성하고 생성된 PDF를 원하는 폴더에 추가한 후에 기존 파일을 DriveApp에서 지우면 된다. 생성된 파일의 접근 권한은 폴더의 접근 권한과 처음에는 동일하게 설정된다. 이후 파일별로 다른 접근 권한을 부여하고 싶다면 코드 「특정 템플릿에 원하는 정보를 넣은 DOC 파일 생성하기」의 권한 부여하기를 참고해서 바로 특정인에게 권한을 부여하는 코드를 만들 수 있지만 changePdfs()에서는 필요성이 없어 해당 내용은 생략했다.

이렇게 PDF 파일을 만들었다면 앞에서 학습한 것처럼 해당 파일을 스프레드시트의 각 이메일 계정으로 발송할 수 있다. 일반적으로 구글 드라이브 내의 파일을 전달할 때는 메일 본문에 파일의 링크를 넣는 형태로 메일을 발송한다. 그런데 개인별로 파일 권한을 설정해야 하고 수신자가 구글과 연동된 계정일 경우에만 접근이 가능하다는 한계가 있다. 그래서 메일 수신자가 바로 볼 수 있게 첨부파일 형태로 발송해보고자 한다.

특정 파일을 PDF로 저장하기

```javascript
function changePdfs() {
  //스프레드시트 정보 불러오기
  const sheetName = "DOC정보";
  const sheet = SpreadsheetApp.getActive().getSheetByName (sheetName);
  const lastCol = sheet.getLastColumn();
  const lastRow = sheet.getLastRow();
  const headers = sheet.getRange(1,1,1,lastCol).getValues()[0];
  const data = sheet.getRange(2,1,lastRow-1,lastCol).getValues();

  //칼럼의 위치 정보 기록하기
  const idxOfFileID = headers.indexOf("파일ID");
  const idxOfPdfId = headers.indexOf("pdf ID");
  const idxOfPdfUrl = headers.indexOf("pdf URL");

  //저장할 폴더의 ID (구글 드라이버의 폴더 URL에서 확인)
  const FOLDER_ID = "1pQYw4knuuyb_CYpaldQ2lbFFLivwoKfD";

  //라인 개수만큼 반복하기
  for(let i = 0 ; i<data.length ; i++){
    if(!data[i][idxOfPdfId]){
      //파일 불러오기 > PDF 생성하기 > 폴더 이동하기 > 이전 파일 삭제하기
      let oldFile = DriveApp.getFileById(data[i][idxOfFileID]);
      let newFile = DriveApp.createFile(oldFile.getAs('application/pdf'));
      let fileName = newFile.getName();
      DriveApp.getFolderById(FOLDER_ID).addFile(newFile);
      DriveApp.removeFile(newFile);
      //폴더의 파일 불러오기
      let files = DriveApp.getFolderById(FOLDER_ID).getFiles();
      //폴더에 파일이 있을 경우, 폴더에 복사한 파일 정보 가져오기
      while(files.hasNext()){
        let file = files.next()
        if(file.getName()==fileName){
          //PDF의 ID와 URL 기록하기
          sheet.getRange(i+2,idxOfPdfId+1).setValue(file.getId());
          sheet.getRange(i+2,idxOfPdfUrl+1).setValue(file.getUrl());
        }
      }
    }
  }
}
```

파일을 첨부하기 위해서는 시트에 저장된 파일 ID를 호출한 후 첨부파일에 파일을 MimeType.PDF로 지정한 뒤 메일을 발송하면 된다. MimeType의 Mime은 Multipurpose Internet Mail Extensions의 머리글자를 딴 것이다. 쉽게 말해 인터넷상에서 메일을 주고받을 때 파일 타입을 지정하는 것으로 생각하면 된다. 보내는 파일 타입에 따라서 MimeType.PDF, MimeType.PNG, MimeType.GIF 등으로 지정하면 된다. 해당 타입의 확장자 형태로 파일을 첨부한다는 정도로 알고 넘어가자.

코드 「메일로 첨부파일 보내기」를 실행하면 그림 「발송된 메일과 첨부파일」과 같이 첨부파일을 포함한 메일을 발송하게 된다.

이와 같은 방법으로 각 개인에게 필요한 파일을 첨부하여 개인별로 전달할 수 있다. 특정 업체별로 반복된 파일을 생성해서 전달해야 하거나 사내 구성원 개개인에게 개인화된 파일을 전달할 때 유용하다. 만약 메일로 발송할 때 PDF 파일을 인쇄한 후 개인이 날인하여 다시 파일로 만들어 제출해야 해서 파일을 업로드할 구글 설문지 링크가 포함되었다고 하자. 그렇다면 이후 수신자가 구글 설문지를 통해서 날인된 파일을 등록했을 때 누가 파일을 제출했고 제출하지 않았는지, 제출하지 않았다면 언제 재요청해야 할지 등을 구조화해서 보다 효과적으로 업무를 처리할 수 있을 것이다.

슬랙 채널에 메시지 보내기

많은 기업이 협업 툴 또는 메신저로 슬랙Slack을 많이 사용하고 있다. 그래서 앱스 스크립트와 슬랙을 연동하여 특정 알림을 메일

메일로 첨부파일 보내기

```javascript
function sendMailWithAttachment(){
  //스프레드시트 정보 불러오기
  const sheetName = "DOC정보"
  const sheet = SpreadsheetApp.getActive().getSheetByName (sheetName);
  const lastCol = sheet.getLastColumn();
  const lastRow = sheet.getLastRow();
  const headers = sheet.getRange(1,1,1,lastCol).getValues()[0];
  const data = sheet.getRange(2,1,lastRow-1,lastCol).getValues();

  //칼럼의 위치 정보 기록하기
  const idxOfName = headers.indexOf("이름");
  const idxOfEmail = headers.indexOf("이메일");
  const idxOfPdfId = headers.indexOf("pdf ID");

  //라인 개수만큼 반복하기
  for(let i= 0; i<data.length ; i++){
    let file = DriveApp.getFileById(data[i][idxOfPdfId])
    let toEmail = data[i][idxOfEmail]
    let subject = data[i][idxOfName]+"님 과의 계약서"
    let message = "안녕하세요. "+data[i][idxOfName]+"님"+"<br>"
      +"이메일은 계약을 위해서 "+toEmail+"에 보내는 메일입니다."+"<br>"+"<br>"
      +"첨부 파일 확인 후 날인 부탁드립니다. 감사합니다."
    let template = HtmlService.createTemplate(message)
    //메일 송부 시 첨부파일 지정하기
    MailApp.sendEmail(toEmail, subject, message,
            { htmlBody: template.evaluate().getContent(),
              attachments: [file.getAs(MimeType.PDF)]})
  }
}
```

뿐만 아니라 슬랙을 통해서 전달한다면 좀 더 효과적으로 커뮤니케이션할 수 있을 것이다. 이번에는 앱스 스크립트와 슬랙을 활용하여 메시지를 전달하는 방법에 대해서 알아보자.

슬랙은 웹훅Webhook을 지원한다. 웹훅은 특정 이벤트가 발생했을 때 사전에 지정된 주소로 정보를 보내는 기능이다. 구글에서 slack

발송된 메일과 첨부파일

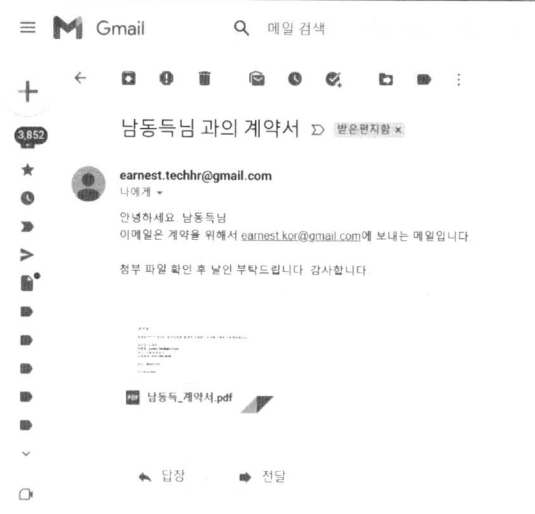

webhook을 검색하면 첫 번째로 Sending messages using Incoming Webhooks- Slack API(https://api.slack.com/messaging/webhooks)를 볼 수 있을 것이다. 여기에 접속하면 슬랙 API 중 웹훅 사용법에 대해서 나와 있다. 스크롤을 조금 아래로 내리면 그림

슬랙 웹훅을 위한 슬랙 앱 생성하기

Getting started with Incoming Webhooks

We're going to walk through a really quick 4-step process (if you've already done some of these things it'll be even easier) that will have you posting messages using Incoming Webhooks in a few minutes:

1. Create a Slack app (if you don't have one already)

You won't get very far without doing this step, but luckily it's very simple, we even have a nice green button for you to click:

Create your Slack app

Pick a name, choose a workspace to associate your app with (bearing in mind that you'll probably be posting lots of test messages, so you might want to create a channel for sandbox use), and then click *Create App*. If you've already created one, you can use it too, also have a cookie 🍪.

「슬랙 웹훅을 위한 슬랙 앱 생성하기」와 같은 화면이 나온다. Create your Slack app이라고 적힌 초록색 버튼을 누르면 웹훅을 보낼 슬랙 앱을 생성할 수 있다.

1. 웹훅을 위한 앱 생성하기

앱 만들기: From an app manifest 〉 select a workspace 〉 Next 〉 Create

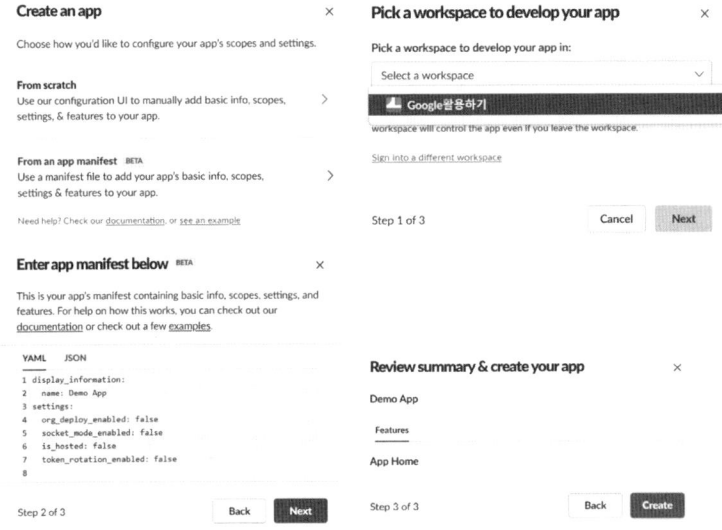

2. 웹훅 정보 수정하기

좌측 내비게이션의 Settings 〉 Basics Information을 클릭하고 아래로 스크롤을 내리면 Display Information이 나온다. 여기서 앱의 이름, 설명, 아이콘, 배경 등을 변경할 수 있다. 변경이 완료되면 아래의 Save Changes를 클릭하여 정보를 저장한다.

웹훅의 디스플레이 정보 수정하기

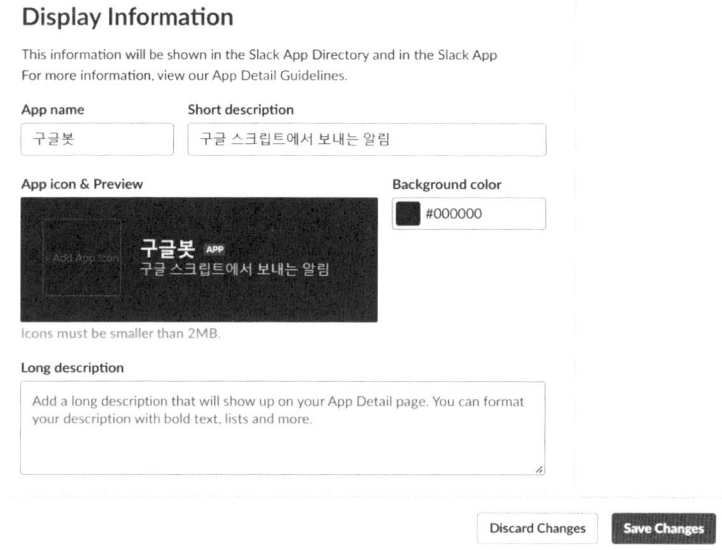

3. 인커밍 웹훅 활성화하기

좌측 내비게이션의 Features > Incoming Webhooks를 클릭하면 우측에 Activate Incoming Webhooks의 토글 키가 Off로 되어 있는데 On으로 바꾸어 활성화한다.

활성화가 되면 그림 「Add New Webhook to Workspace를 통한 웹훅 지정하기」와 같이 Webhook URLs for Your Workspace가 나오는데 아래로 가서 Add New Webhook to Workspace를 클릭하면 원하는 채널과 연결할 수 있다.

4. 워크스페이스의 특정 채널 지정하기

선택된 워크스페이스에서 슬랙 메시지를 보내기를 원하는 채널을 선택한 후 허용하면 해당 슬랙 채널의 웹훅 URL을 받을 수 있다.

인커밍 웹훅 활성화하기

Incoming Webhooks

Activate Incoming Webhooks On

Incoming webhooks are a simple way to post messages from external sources into Slack. They make use of normal HTTP requests with a JSON payload, which includes the message and a few other optional details. You can include message attachments to display richly-formatted messages.

Adding incoming webhooks requires a bot user. If your app doesn't have a bot user, we'll add one for you.

Each time your app is installed, a new Webhook URL will be generated.

If you deactivate incoming webhooks, new Webhook URLs will not be generated when your app is installed to your team. If you'd like to remove access to existing Webhook URLs, you will need to Revoke All OAuth Tokens.

Webhook URLs for Your Workspace

To dispatch messages with your webhook URL, send your message in JSON as the body of an `application/json` POST request.

Add this webhook to your workspace below to activate this curl example.

Add New Webhook to Workspace를 통한 웹훅 지정하기

Webhook URLs for Your Workspace

To dispatch messages with your webhook URL, send your message in JSON as the body of an `application/json` POST request.

Add this webhook to your workspace below to activate this curl example.

Sample curl request to post to a channel:

```
curl -X POST -H 'Content-type: application/json' --data '{"text":"Hello, World!"}' YOUR_WEBHOOK_URL_HERE
```

Webhook URL	Channel	Added By

No webhooks have been added yet.

[Add New Webhook to Workspace]

그림 「웹훅 URL 확인하기」와 같이 웹훅 URL이 생성된 것을 확인할 수 있다. 해당 URL을 복사한 후 코드 「슬랙 웹훅 보내는 방법」과 같이 앱스 스크립트에서 슬랙 메시지를 보낼 URL에 붙여넣

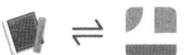

웹훅을 위한 채널 지정하기

기하면 스크립트를 실행할 때 선택된 채널로 슬랙 메시지가 전송될 것이다.

간혹 Add New Webhook to Workspace를 클릭했을 때 그림 「웹훅을 위한 채널 지정하기」의 액세스 권한 요청이 아니라 워크스페이스를 찾을 수 없다는 화면이 나오는 경우가 있다. 이때는 Settings 〉 Basic Information에서 Add features and functionality를 클릭하고 다시 Permissions를 클릭한다.

만약 Permissions의 Scopes에서 incoming-webhook이 없을 경우 Add an OAuth Scope을 클릭하여 incoming-webhook을 추가하면 된다. 여기서 다양한 권한을 받아서 사용할 수 있는데 이 부분은 책의 범위를 넘어가기 때문에 향후에 관심이 있으면 따로 공부해보길 추천한다.

이제 메시지를 보낼 웹훅을 확인했으니 해당 웹훅으로 간단한 메시지를 보내보자. 먼저 앱스 스크립트에서 SendSlackMsg()라는

웹훅 URL 확인하기

Webhook URLs for Your Workspace

To dispatch messages with your webhook URL, send your message in JSON as the body of an `application/json` POST request.

Add this webhook to your workspace below to activate this curl example.

Sample curl request to post to a channel:

```
curl -X POST -H 'Content-type: application/json' --data '{"text":"Hello, World!"}'
https://hooks.slack.com/services/T03HA0YSZQS/B03NHREC2G1/1jBk6knFkBcR8nMFqWxGckN
c                                                                          Copy
```

Webhook URL	Channel	Added By
https://hooks.slack.com/services/T Copy	#google활용하기	남동득 Jul 3, 2022

Add New Webhook to Workspace

Add features and functionality의 Permissions 접속하기

Add features and functionality

Choose and configure the tools you'll need to create your app (or review all our documentation).

Building an internal app locally or behind a firewall?
To receive your app's payloads over a WebSockets connection, enable Socket Mode for your app.

☑ Incoming Webhooks
Post messages from external sources into Slack.

Interactive Components
Add components like buttons and select menus to your app's interface, and create an interactive experience for users.

Slash Commands
Allow users to perform app actions by typing commands in Slack.

Event Subscriptions
Make it easy for your app to respond to activity in Slack.

☑ Bots
Allow users to interact with your app through channels and conversations.

☑ Permissions
Configure permissions to allow your app to interact with the Slack API.

스코프에서 인커밍 웹훅 확인하기

Scopes

A Slack app's capabilities and permissions are governed by the scopes it requests.

Bot Token Scopes
Scopes that govern what your app can access.

OAuth Scope	Description
incoming-webhook	Post messages to specific channels in Slack

Add an OAuth Scope

함수를 만들었다. 슬랙에서는 이모지를 많이 사용하는데 본인이 입력한 이모지 위에 커서를 대면 :thumbsup:과 같이 이모지의 이름이 표시된다. 스크립트에서도 동일하게 해당 문자를 입력하면 앱스 스크립트에서도 슬랙 이모지를 사용할 수 있다. 그리고 슬랙에서 문자를 강조하기 위해서 볼드체(bold) 처리가 필요할 때는 *문자* 와 같이 입력하면 별표(*) 사이의 문자는 볼드체로 처리된다. 그리고 슬랙 메시지에서 붉은색으로 표시를 희망할 때는 `문자`와 같이 입력하면 ``(억음 부호) 사이의 문자는 붉은색 구역으로 입력된다.

그리고 슬랙에서 보통 채널 내에서 특정인과 커뮤니케이션을 하기 위해서 개인에게 멘션을 거는데 이는 코드에 <@메일 이름>을 넣으면 멘션을 걸 수가 있다. 필자의 개인 메일인 earnest.kor@gmail.com에서 도메인인 @gmail.com을 제외한 부분이 메일 이름이다. 필자를 호출하려면 <@earnest.kor>와 같이 입력하면 멘션을 걸 수 있다.

이렇게 만든 메시지는 슬랙 API가 요구하는 형태로 값을 입력하고 구글 앱스 스크립트에서 제공하는 UrlFetchApp을 통해서 웹훅 URL을 호출하면 선택된 채널로 메시지가 발송된다.

슬랙 웹훅 보내는 방법

```
function sendSlackMsg() {
  //슬랙 메시지 작성하기
  let text = ':thumbsup: *`Slack Msg`* 전송중'
  +'\n'+'메시지를 보냈으니 확인 부탁드립니다.'
  +'\n\n'+'<@earnest.kor>'

  //슬랙 API 양식에 맞춰 값 설정하기
  let msg ={"payload":'{"text" : "'+text+'"}'}
  let option = {
    "method" :"post",
    "payload" : msg
  }
  //Webhook URL Copy해서 입력하기
  const webhookURL = "https://hooks.slack.com/services/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"

  //Slack Webhook 호출하기
  UrlFetchApp.fetch(webhookURL,option)
}
```

코드「슬랙 웹훅 보내는 방법」을 최초로 실행하게 되면 외부 시스템을 호출하기 때문에 구글에서 승인 권한 검토를 요청한다. 이때 권한 검토를 누르고 권한을 부여할 계정을 선택한다.

정식 앱이 아니기 때문에 구글에서 경고를 보낸다. 이때 고급을 클릭하면 그림「확인하지 않은 앱에 대한 경고 화면이 뜨면 해당 프로젝트로 이동하여 권한을 허용하기」와 같이 개발자가 신뢰할 수 있는 경우만 계속하라고 경고한다. 그 계정은 여러분의 계정이기 때문에 신뢰할 수 있으므로 다음에 있는 "해당 프로젝트로 이동(안전하지 않음)"을 클릭한다. 그리고 해당 앱에서 제공하는 권한을 허용하면 해당 코드가 실행된다.

코드 「슬랙 웹훅 보내는 방법」이 실행되면 그림 「슬랙으로 메시지를 자동으로 발송한 결과」와 같이 지정된 채널에 메시지가 자동으로 발송되는 것을 확인할 수 있다.

슬랙으로 메시지를 자동으로 발송한 결과

 남동득 오전 2:06
#google활용하기에 Dong deuk Nam 님과 함께 다시 참여했습니다.

 남동득 오후 11:13
added an integration to this channel: 구글봇

구글봇 앱 오후 11:49
👍 Slack Msg 전송중
메시지를 보냈으니 확인 부탁드립니다.
@Dong deuk Nam

    스프레드시트에서 관리하는 대상자들에게 특정 조건을 고려해서 슬랙으로 메시지를 보내고 싶다면 각 조건을 명확히 하고 앱스 스크립트에서 트리거를 걸면 된다. 자동으로 필요한 정보를 원하는 시점에 전달받을 수 있어서 업무를 하는 데 유용하게 활용할 수 있을 것이다.

    스프레드시트와 앱스 스크립트를 통해서 업무를 효과적으로 하기 위한 기본적인 내용들에 대해서 알아보았다. 이제는 더 완결되고 연속된 자동화 프로젝트를 수행해보자.

트리거(앱스 스크립트 실행) 조건 파악하기

    앞에서 다양한 앱스 스크립트를 만들어보았다. 지금까지는 주로 편집기에서 실행 버튼을 클릭하여 앱스 스크립트를 실행했다면 이제는 특정 조건에 맞춰서 앱스 스크립트를 자동으로 실행하는 방법에 대해서 알아보자.

    앱스 스크립트의 실행 조건을 트리거$_{trigger}$라고 한다. 트리거는 명사로는 '총의 방아쇠', 동사로는 '(장치를) 작동시키다'라는 의미이다. 앱스 스크립트 편집기에서 좌측 상단의 시계 아이콘의 트리

거를 클릭하면 우측 하단에 + 트리거 버튼이 나타나는데 해당 버튼을 누르면 트리거를 설정할 수 있다.

트리거 추가하기

트리거를 추가하면 그림 「트리거 추가를 위한 설정 화면」과 같이 트리거 추가를 위해 설정하는 팝업이 나타난다.

여기서 선택해야 하는 부분은 실행할 함수, 이벤트 소스, 이벤트 유형 선택이다. 그 이외에 실행할 배포 선택과 트리거 실패 알림 설정은 특별히 변경할 필요는 없다.

실행할 함수 선택에는 동일 편집기에 작성된 모든 함수function를 선택할 수 있다. 설정이 필요한 함수를 선택하면 되는데 필자의 경우는 바로 이전 장에서 마지막으로 작성한 sendSlackMsg 함수를 선택했다.

그다음 이벤트 소스 선택은 아래 세 가지 항목 중 선택할 수 있

트리거 추가를 위한 설정 화면

Google Workspace 강의안 트리거 추가

실행할 함수 선택: sendSlackMsg
실행할 배포 선택: Head
이벤트 소스 선택: 스프레드시트에서
이벤트 유형 선택: 열릴 시
트리거 실패 알림 설정: 매일 알림

고, 이벤트 유형은 이벤트 소스 선택에 따라 변경된다.

설문지에서/스프레드시트에서	특정 이벤트 발생 시 실행
시간 기반	특정 날짜 및 시간, 분/시간/일/주/월 단위 특정 시점에 실행
캘린더	캘린더가 업데이트됨

　일반적으로 구글 설문지를 사용할 경우에는 이벤트 소스 선택은 설문지에서, 이벤트 유형 선택은 양식 제출 시 특정 코드가 실행될 수 있게 설정한다. 스프레드시트에서 트리거를 설정할 경우에는 이벤트 소스 선택은 주로 시간 기반을, 이벤트 유형 선택은 업무에 따라 일 또는 월 단위 타이머에서 주로 선택한다. 이벤트 유형을 선택하면 선택된 내용에 따라 상세 설정을 할 수 있는 선택지가 추

가된다.

　이와 같이 트리거를 설정해두면 설문 결과가 등록되었을 때 자동으로 알림을 받을 수 있고 특정 시점에 수행해야 하는 반복적인 업무에 대해서 누락 없이 자동으로 처리할 수 있게 될 것이다. 이러한 트리거를 상황과 조건에 맞춰서 적절하게 설정하여 업무를 효과적으로 수행할 수 있기를 바란다.

3장

업무자동화 프로젝트별 활용

1.
설문 시스템 구축하기

　업무를 할 때 설문 작업을 종종 한다. 내부 구성원들이나 설문 대상자 리스트에 있는 분들에게 설문지를 보내고, 계획된 기간까지 응답이 입력되지 않으면 다시 독려하고, 취합된 설문지의 정보를 기준으로 분석하고, 분석된 정보나 설문 결과를 필요한 사람들에게 메일을 보내는 업무이다. 이러한 업무에서는 설문 대상자와 응답자의 정보를 맵핑하거나 정확한 값을 입력하게 하기 위한 장치들이 필요하다. 이때 사용할 수 있는 팁과 업무를 전체적으로 고려하여 효과적으로 일을 할 수 있는 방법에 대해서 알아보자.

미리 채워진 설문지 만들기

　사내 또는 사외 설문을 할 때 구글 설문지를 많이 사용한다. 응답 결과를 스프레드시트 형태로 취합할 수 있어 효과적인 데이터 관리가 가능하기 때문이다. 그러나 대상자와 응답자를 연결하는

데 어려움을 겪는 분들이 있을 것이다. 사내 설문의 경우 사내 이메일 도메인 사용자만 응답할 수 있도록 설정하고 응답자 이메일을 자동 수집하면 대상자와 응답 결과를 연결할 수 있다. 하지만 구글 계정에 로그인하지 않을 때도 응답하게 하려면 보통 대상자에게 직접 이메일을 입력하게 한다. 이 경우 대상자에게 발송된 메일 계정이 아니라 대상자가 가진 다른 메일 계정을 적을 때가 많다. 그러면 실제 지정한 대상자가 응답했는지 확인할 방법이 없다. 그래서 이메일을 보낼 때 응답자의 사전정보가 미리 채워진 설문 링크를 넣으면 대상자와 응답 결과를 연결할 수 있다.

먼저 신규 설문지를 생성해보자. 브라우저의 URL에 forms.new를 입력하고 엔터를 치면 신규 설문지가 생성된다. 그림 「질문 제목과 질문에 대한 설명 추가하기」와 같이 개인별로 이름, 이메일이 미리 입력된 설문지를 만들어 전송하려고 한다.

많은 분이 설문지의 질문을 길게 입력한다. 이 질문의 값이 칼럼의 제목이 된다. 향후 스크립트를 생성하거나 스프레드시트에서 확인할 때 제목이 길어져 불편할 수 있기 때문에 가급적 질문 제목은 이름, 이메일과 같이 단어나 짧은 구로 적고 우측 하단의 점이 3개인 더 보기 버튼을 클릭해서 '설명' 부분에 질문에 대한 상세 내용을 작성하는 것을 권장한다.

설문지 작성이 완료되었다면 우측 상단에 더 보기 버튼을 누른다. 세 번째 항목에 "미리 채워진 링크 가져오기"를 클릭하면 설문 화면으로 전환된다.

그러면 그림 「링크 복사하기 〉 링크 복사」와 같이 필자가 입력한

질문 제목과 질문에 대한 설명 추가하기

미리 채워진 링크 가져오기

세 가지 질문과 미리 응답 결과를 입력하는 화면이 나온다. 여기서는 응답자의 사전 정보인 이름과 이메일만 미리 입력하고 결과 등록은 응답자에게 받기로 하자. 이름과 이메일을 미리 입력한 후에 좌측 하단의 링크 복사하기 버튼을 누르면 아래에 '미리 작성된 답변과 함께 이 링크를 공유하세요.'라는 문구와 우측에 '링크 복사'가 나오는데 이때 링크 복사를 클릭한다.

링크 복사하기 > 링크 복사

설문 응답 받기 프로젝트

* 필수항목

이름 *
미리 입력드리니 수정하지 말아 주세요

남동독

이메일 *
미리 입력드리니 수정하지 말아주세요

earnest.kor@gmail.com

결과 등록 *
PASS/FAIL/PENDING 중 선택해 주세요

◯ PASS
◯ FAIL
◯ PENDING

링크 복사하기

Google Forms를 통해 비밀번호를 제출하지 마세요.

링크 복사를 클릭하면 다음과 같은 URL을 확인할 수 있다. 색을 칠한 부분이 미리 응답한 이름과 이메일 값임을 확인할 수 있다. 한글의 경우 URL 인코딩 시 ASCII 문자가 아니기 때문에 UTF-8로 변환되어 다음과 같이 사람이 알아볼 수 없는 문자 형태로 되어 있다. 그러나 해당 URL을 클릭하면 다시 원하는 한글 형태로 변환되기 때문에 두 위치에 개인별 이름과 이메일을 넣으면 미리 정보가 채워진 개인화된 설문지를 만들 수 있다는 사실을 확인할 수 있다.

https://docs.google.com/forms/d/e/1FAIpQLScIXV9alB1M9gByLBQqcuuuUVlM4SRLt_45
78JcqfloRsD1Mw/viewform?usp=pp_url&entry.1979156523=%EB%82%A8%EB%8F%99%EB%9
3%9D&entry.356022118=earnest.kor@gmail.com

URL을 클릭하여 미리 입력된 응답 정보 확인하기

위의 URL을 클릭하면 그림 「URL을 클릭하여 미리 입력된 응답 정보 확인하기」와 같이 미리 정보가 채워진 설문지를 확인할 수 있다.

개인별로 메일을 보낼 때 이름과 이메일 정보를 미리 채운 설문 링크를 보내면 응답자들도 좀 더 쉽게 정보를 확인하고 응답이 필요한 항목만 작성해서 제출할 수 있다. 담당자들도 좀 더 쉽게 정보를 취합하고 분석할 수 있을 것으로 기대된다.

이제는 개인별 링크가 입력된 설문지를 발송하여 응답 결과를 받고 특정 시점에 응답하지 않은 사람들을 대상으로 자동으로 응답을 요청하는 프로세스를 만들고자 한다. 우선 설문지의 응답이 저장되는 스프레드시트를 하나 만들어보자.

설문지의 상단에 있는 두 번째 탭의 "응답"에서 스프레드시트 버튼을 눌러 새로운 스프레드시트를 만들 수도 있고 기존에 있는 스프레드시트를 선택하여 응답 정보를 저장할 수도 있다. 여기에서는 스프레드시트에서 설문지가 연동된 "설문지 응답 시트"가 만들어지는 것을 확인할 수 있다. 설문지 응답 시트의 명칭은 확인하기 편리하게 시트명을 설문과 관련된 이름으로 수정하는 것을 추천한다.

    우선 설문 응답을 취합하는 시트와 같은 스프레드시트에서 대상자 시트를 만들어서 메일을 보낼 사람에 대한 정보를 입력한다. 그리고 설문지를 발송했는지, 언제 발송했는지, 응답 결과는 있는지, 미응답에 대해 독려했는지 등에 대한 정보를 관리하기 위해서 발송 여부, 발송 일자, 응답 결과, 독려 여부라는 칼럼을 만들었다. 또한 대상자 시트와 설문 응답 시트를 연결하기 위해서 배열함수와 IFERROR, VLOOKUP을 활용하여 E열에 응답 결과를 가져올 수 있도록 E2 셀에 다음과 같은 함수를 입력했다.

```
ARRAYFORMULA(IFERROR(VLOOKUP(INDIRECT("B2:B"&COUNTA(B:B)),'설문응답'!C:D,2,FALSE),))
```

설문 발송 대상자 시트와 설문 응답 시트를 연결하기

대상자들에게 설문을 발송하는 스크립트 작성하기

대상자 시트의 이메일 정보를 기준으로 개인화된 설문 링크가 포함된 메일을 보내고, 발송했다면 발송 여부 셀에 Y를 표시하고, 메일이 발송된 날짜는 발송 일자 셀에 입력하는 스크립트를 만들어보자.

스프레드시트의 상단 탭에서 확장 프로그램을 클릭하고 앱스 스크립트를 선택하면 신규 스크립트가 생성된다. 그리고 각 개인에게 개인별 설문 링크가 포함된 메일을 보내는 requestSurvey()라는 함수를 코드「대상자에게 개인화된 설문 링크 송부하기」와 같이 만들었다.

코드「대상자에게 개인화된 설문 링크 송부하기」를 실행하면 각 대상자에게 그림「코드 실행을 통한 설문 요청 이메일 내용」과 같이 개인별 설문 링크가 포함된 메일이 전달된다.

설문 링크를 클릭하면 그림「정보가 입력된 설문지 화면」과 같이 기본 정보가 미리 입력된 설문지를 확인할 수 있다. 여기에 결과 등록 정보를 입력해서 제출해보자.

이렇게 남반장의 이름으로 응답을 PASS로 표시하여 제출했다.

대상자에게 개인화된 설문 링크 송부하기

```
function requestSurvey() {
  //대상자 시트의 데이터 불러오기
  const sheetName = "대상자";
  const sheet = SpreadsheetApp.getActive().getSheetByName (sheetName)
  const lastRow = sheet.getLastRow()
  const lastCol = sheet.getLastColumn()
  const headers = sheet.getRange(1,1,1,lastCol).getValues()[0]
  const data = sheet.getRange(2,1,lastRow-1,lastCol).getValues()

  //열의 위칫값 설정하기
  const idxOfName = headers.indexOf("이름");
  const idxOfEmail = headers.indexOf("이메일");
  const idxOfYn = headers.indexOf("발송 여부");
  const idxOfReqDay = headers.indexOf("발송 일자");

  //오늘 날짜 불러오기
  const today = new Date()

  //반복문을 활용하여, 개인화된 메일 생성하기
  for(let i=0; i<data.length ; i++){
    if(data[i][idxOfYn]≠"Y"){
      let toEmail = data[i][idxOfEmail]
      let subject = "[설문 요청] "+data[i][idxOfName] +" 님, 설문 부탁드립니다."
      let message = "안녕하세요. "+data[i][idxOfName]+"님"+"<br>"
                   +"아래 설문 응답 부탁 드립니다. "+"<br>"+"<br>"
                   +"설문 링크 : "+ "<a href='https://docs.google.com/forms/d/e/
1FAIpQLScIXV9alB1M9gByLBQqcuuuUVlM4SRLt_4578JcqfloRsD1Mw/viewform?usp=pp_
url&entry.1979156523="+data[i][idxOfName]+"&entry.356022118="+data[i]
[idxOfEmail]+"'>"+ data[i][idxOfName]+"님 설문지 바로가기"+"</a>"
      let template = HtmlService.createTemplate(message)
      MailApp.sendEmail(toEmail, subject, message,
            { htmlBody: template.evaluate().getContent()})

      //메일 송부 후 발송 여부 및 발송 일자 입력하기
      sheet.getRange(i+2,idxOfYn+1).setValue("Y")
      sheet.getRange(i+2,idxOfReqDay+1).setValue(formatDate(today))
    }
  }
}

//시스템 날짜를 XXXX-XX-XX 형태로 변경하기
function formatDate(date) {
```

```
  let d = new Date(date)

  let year = d.getFullYear()
  let month = '' + (d.getMonth() + 1)
  let day = '' + d.getDate()

  if (month.length < 2) month = '0' + month
  if (day.length < 2) day = '0' + day

  return [year, month, day].join('-')
}
```

코드 실행을 통한 설문 요청 이메일 내용

정보가 입력된 설문지 화면

대상자 시트에 입력된 정보 확인

응답 결과를 취합하는 스프레드시트에 접속하여 대상자 시트를 클릭하면 설문 응답 시트의 이메일과 연동된 대상자 시트에서 응답 결과를 확인할 수 있고, 메일이 발송될 때 입력된 발송 여부 및 발송 일자도 확인할 수 있다.

팁을 하나 알려주면 코드를 실행할 때 앱스 스크립트에서 실행을 눌러서 진행할 수도 있다. 하지만 동료들이 편하게 사용하게 하기 위해서 버튼을 만들어서 버튼에 함수를 할당할 수도 있다. 그림 「코드 실행을 위한 그림(버튼) 만들기」와 같이 상단 탭에서 '삽입'을 클릭하고 '그림'을 선택한다.

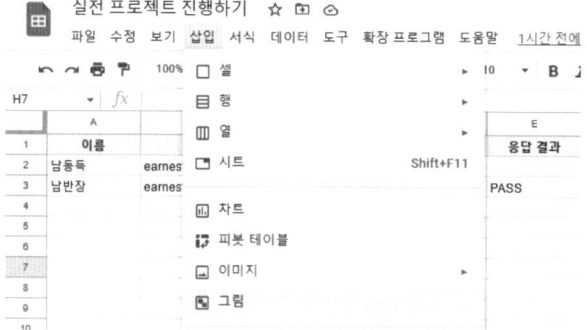

코드 실행을 위한 그림(버튼) 만들기

설문 요청하기 버튼을 만든 후 저장 후 닫기 클릭하기

그림 「설문 요청하기 버튼을 만든 후 저장 후 닫기 클릭하기」와 같이 그림을 그릴 수 있는 화면이 나오면 원하는 도형을 선택하고 글씨를 입력한다. "저장 후 닫기"를 클릭하면 스프레드시트에 본인이 만든 그림이 나타난다.

이렇게 만든 그림의 우측에 있는 더 보기 버튼을 누르면 스크립트 할당이라는 항목이 나온다. 해당 항목을 클릭하여 requestSurvey를 입력하고 확인을 누른다. 이후에는 해당 버튼을 누르면 할당된 스크립트를 실행할 수 있다.

그림에 스크립트 할당 클릭하기

할당이 필요한 함수 입력하기

3장 업무자동화 프로젝트별 활용   181

이렇게 스크립트를 할당하여 버튼을 만들면 이후 동료들이 해당 버튼을 보고 직관적으로 설문을 하려고 버튼을 누르게 될 것이고 좀 더 업무 효율성이 개선될 것이다.

미응답자에게 설문을 독려하는 스크립트 작성하기

특정 기간이 지났는데도 응답이 없는 사람들에 대해서 응답을 요청하는 코드를 만들어보자. 이를 위해서는 대상자마다 설문지 발송 후 얼마나 경과했는지, 언제 보낼 것인지와 같은 조건을 추가해야 하는데 해당 조건을 스크립트에서 추가하게 되면 스크립트가 다소 복잡해질 수 있다. 이러한 경우는 스프레드시트에서 조건을 처리하기 위한 정보를 생성하면 좀 더 쉽게 스크립트를 작성할 수 있다.

이전에 만든 대상자 시트에서 F열에 경과 일자라는 칼럼을 추가하고, 발송 후 5일이 넘도록 응답 결과가 없는 대상자에게 매일 독려 메일을 보내는 스크립트를 만들고자 한다. 경과 일자를 시트에서 계산하기 위해서 경과 일자의 F2셀에 다음의 함수를 입력한다.

```
ARRAYFORMULA(IFERROR(DATEDIF(INDIRECT("D2:D"&COUNTA(B:B)),TODAY(),"d"),))
```

지금은 테스트를 하기 위해서 발송 일자를 2023-01-20에서

경과 일자를 포함한 대상자 시트 수정하기

	A	B	C	D	E	F	G
1	이름	이메일	발송 여부	발송 일자	응답 결과	경과 일자	독려여부
2	남동독	earnest.kor@gmail.com	Y	2023-01-15		5	
3	남반장	earnest.techhr@gmail.com	Y	2023-01-20	PASS	0	
4							

설문 미응답자에게 설문을 독려하는 코드 작성하기

```javascript
function pushReqSurvey() {
  //대상자 시트의 데이터 불러오기
  const sheetName = "대상자"
  const sheet = SpreadsheetApp.getActive().getSheetByName (sheetName)
  const lastRow = sheet.getLastRow()
  const lastCol = sheet.getLastColumn()
  const headers = sheet.getRange(1,1,1,lastCol).getValues()[0]
  const data = sheet.getRange(2,1,lastRow-1,lastCol).getValues()

  //열의 위칫값 설정하기
  const idxOfName = headers.indexOf("이름")
  const idxOfEmail = headers.indexOf("이메일")
  const idxOfYn = headers.indexOf("발송 여부")
  const idxOfResResult = headers.indexOf("응답 결과")
  const idxOfPassedDay = headers.indexOf("경과 일자")
  const idxOfPushYn = headers.indexOf("독려여부")


  //반복문을 활용하여 개인화된 메일 생성하기
  for(let i=0; i<data.length ; i++){
    //설문 발송 이력이 Y이고, 응답 결과는 없으며, 발송일로부터 5일 이상 경과한 대상자일 경우 메일 발송하기
    if(data[i][idxOfYn]=="Y"&&data[i][idxOfResResult]==null&&data[i][idxOfPassedDay]>4){
      let toEmail = data[i][idxOfEmail]
      let subject = "[설문 독려] "+data[i][idxOfName] +" 님, 설문 부탁드립니다."
      let message = "안녕하세요. "+data[i][idxOfName]+"님"+"<br>"
              +"아래 설문이 5일 이상 경과하였습니다. 꼭 피드백 부탁드립니다. "+"<br>"+"<br>"
              +"설문 링크 : "+ "<a href='https://docs.google.com/forms/d/e/1FAIpQLScIXV9alB1M9gByLBQqcuuuUVlM4SRLt_4578JcqfloRsD1Mw/viewform?usp=pp_url&entry.1979156523="+data[i][idxOfName]+"&entry.356022118="+data[i][idxOfEmail]+"'>"+ data[i][idxOfName]+"님 설문지 바로가기"+"</a>"
      let template = HtmlService.createTemplate(message)
      MailApp.sendEmail(toEmail, subject, message,
          { htmlBody: template.evaluate().getContent()})

      //메일 송부 후 독려여부에 Y값 입력하기
      sheet.getRange(i+2,idxOfPushYn+1).setValue("Y")
    }
  }
}
```

2023-01-15로 수정하여 경과 일자의 값이 5가 되게 했다.

코드 「설문 미응답자에게 설문을 독려하는 코드 작성하기」에서 작성한 pushReqSurvey() 함수는 이전 코드와 대부분 비슷하고 특정 조건 부분만 추가되었으며 메일 내용에서 일부가 변경된 것을 확인할 수 있다. 그리고 사용 방식에 따라서 이전 함수를 해당 함수와 통합해서 사용할 수도 있고 별도로 구분해서 사용할 수도 있다.

코드 「설문 미응답자에게 설문을 독려하는 코드 작성하기」가 자동으로 실행되도록 하기 위해서는 트리거를 걸어두면 좋다. 트리거는 앱스 스크립트 편집기에서 좌측의 시계 아이콘을 클릭하고 다시 + 트리거를 클릭하면 트리거를 설정하는 화면이 그림 「트리거 설정하기」와 같이 나타난다.

실행할 함수와 트리거 조건을 어떻게 할지 선택해야 하는데, 코드를 특정 시점에 정기적으로 실행하기 위해서는 보통 "시간 기반"을 선택한다. "일 단위 타이머"는 매일 특정 시점에 선택된 함수가 자동으로 실행되는 조건이다. 그림 「트리거 설정하기」와 같이 입력하고 저장하면 해당 조건에 맞추어서 스크립트가 매일 선택된 시간에 자동으로 실행되고 조건에 맞는 대상자에게 메일이 자동으로 발송된다.

스프레드시트에 있는 정보를 기준으로 앱스 스크립트를 실행할 때는 특정 시간을 기반으로 실행 조건을 설정하는 게 유리하고 설문지의 경우 응답 시점 시 실행하는 형태로 진행하는 게 효과적이다. 이러한 실행 조건은 사용자의 업무 특성과 편의성에 맞추어서 선택하여 진행하기를 권장한다.

트리거 설정하기

설문 응답 결과를 슬랙과 메일로 알림 받기

설문을 요청하고 미응답자들에게 설문을 독려하는데 정작 설문 응답 결과에 대해서 바로바로 알림을 받지 못한다면 매우 불편할 수밖에 없다. 설문 응답 시트에 수시로 들어가서 응답을 했는지 매번 확인해야 하는 번거로운 문제가 생긴다. 그리고 누군가는 슬랙으로 알림을 받기를 원할 것이고, 또 누군가는 이메일로 알림을 받기를 원할 수 있다. 혹은 둘 다를 원하는 경우도 있다. 그러면 대상자가 설문에 응답했을 경우 결과를 바로 확인하기 위해서 알림을 받을 수 있는 앱스 스크립트를 작성해보자.

설문지도 스프레드시트와 마찬가지로 앱스 스크립트를 사용할 수 있다. 위에서 만든 설문 응답받기 프로젝트의 우측 상단의 더 보기 버튼을 누르면 그림 「설문지에서 스크립트 편집기 바로 가기」와 같이 "〈 〉 스크립트 편집기" 항목을 볼 수 있다. 이 항목을 클릭하면 신규 앱스 스크립트 프로젝트가 생성된다.

설문지에서 스크립트 편집기 바로 가기

설문지를 제어할 수 있는 앱스 스크립트의 레퍼런스는 https://developers.google.com/apps-script/reference/forms에서 확인할 수 있다. 다만 해당 레퍼런스 중에서 필요한 부분은 설문 응답자가 누구인지, 어떤 질문에 어떤 답변을 했는지 정도의 정보이기 때문에 여기의 내용을 다 볼 필요는 없다. 응답 결과를 가져오는 부분에 대해서만 알아보자.

스크립트 편집기에서 sendInfoMsg(e)라는 함수를 만드는데 이전에는 없던 e라고 하는 인수argument를 볼 수 있다. 일반적으로 함수의 괄호 안의 인수는 함수가 호출될 때 함수로 값을 전달하는 변수를 이야기한다. 이전의 함수들은 별도 입력값 없이 함수 내에서 필요한 값을 생성해서 만들었다. 설문지의 경우 누군가가 응답을 했을 때 그 응답값이 함수가 실행될 때 전달되기 때문에 여기에서 e는 누군가가 설문지 입력을 완료했을 때의 입력 정보가 들어 있는 데이터셋이라고 보면 된다.

설문지 응답 시 슬랙과 이메일을 발송하는 코드

```
function sendInfoMsg(e) {
  //응답자 이메일
  const respondent = e.response.getRespondentEmail();
  //응답 결과 가져오기
  const formResponses = e.response.getItemResponses();
  //설문 문항 개수
  const formLength = formResponses.length;
  //슬랙과 이메일 메시지 각각 선언하기
  let slackMsg = "응답자 : "+ respondent +"\n";
  let emailMsg = "응답자 : "+ respondent +"<br>";
  //메시지 만들기
  for(let i=0; i<formLength ; i++){
    //설문지의 질문 가져오기
    let title = formResponses[i].getItem().getTitle();
    //설문지 질문의 응답 결과 가져오기
    let res = formResponses[i].getResponse();
    //각 메시지 만들기(슬랙의 줄 바꾸기 \n , 메일의 HTML에서 줄 바꾸기 <br>)
    slackMsg = slackMsg + title+" : "+res+"\n";
    emailMsg = emailMsg + title+" : "+res+"<br>";
  }
  //슬랙 메시지 보내기 <@earnest.nam>과 같이 이메일의 계정 정보를 입력하면 멘션을 넣을 수 있음
  //아래의 URL 링크 입력에 해당 응답 시 본인이 접속이 필요한 URL을 입력하면 링크 접속을 할 수 있음
  let text = ":bookmark_tabs: 설문지 응답결과"+"\n" + slackMsg + "\n\n"
  +"\n:point_right: 결과 확인 : <"+"URL 링크 입력"+"|결과 확인하기 Click>";
  let msg = {"payload":'{"text" : "'+text+'"}'}
```

```
  let option = {
    "method" : "post",
    "payload" : msg
  }
  //알림을 받고 싶은 슬랙 웹훅 URL
  const webhookURL = "https://hooks.slack.com/services/T03HA0YSZQS/B03NHREC
2G1/1jBk6knFkBcR8nMFqWxGckNC"
  //Slack Webhook 호출하기
  UrlFetchApp.fetch(webhookURL,option)

  //이메일 발송하기
  //응답을 받고 싶은 이메일 주소를 toEmail에 할당하기
  let toEmail = "earnest.techhr@gmail.com"
  let subject = "[설문 응답] "+String(respondent).split("@")[0] +" 님이 설문
응답을 하였습니다."
  let message = emailMsg
  let template = HtmlService.createTemplate(message)
  MailApp.sendEmail(toEmail, subject, message,
    { htmlBody: template.evaluate().getContent()})
}
```

이제 코드 「설문지 응답 시 슬랙과 이메일을 발송하는 코드」와 같이 sendInfoMsg(e)라는 함수를 만들었다. 누군가가 해당 설문지에 응답하고 함수가 실행될 수 있게 트리거를 추가해야 한다. 그

해당 프로젝트로 이동하여 권한을 허용하기

Google에서 확인하지 않은 앱

앱에서 Google 계정의 민감한 정보에 대한 액세스를 요청합니다. 개발자 (earnest.techhr@gmail.com)의 앱이 Google에서 인증을 받기 전에는 앱을 사용하지 마세요.

고급 설정 숨기기   안전한 환경으로 돌아가기

어떠한 위험이 발생할지 이해하고 개발자(earnest.techhr@gmail.com)를 신뢰할 수 있는 경우에만 계속하세요.

림 「트리거 추가하기」와 같이 트리거 아이콘을 클릭한 후 + 트리거 추가 버튼을 누른다. 그러면 트리거의 실행 조건을 입력할 수 있는 화면이 제공된다. 이때 실행할 함수인 sendInfoMsg를 선택하고 설문지에서 양식 제출 시 선택한 함수가 실행될 수 있게 저장한다. 그러면 "Google에서 확인하지 않은 앱" 경고가 나타난다. 고급을 클릭한 후 해당 프로젝트로 이동하여 권한을 허용한다. 위의 내용을 완료하면 그림 「설정한 트리거 확인하기」와 같이 sendInfoMsg라는 함수가 트리거에 추가된 것을 확인할 수 있다.

이제 누군가가 설문에 응답하면 다음 그림 「슬랙으로 온 메시지

설정한 트리거 확인하기

설문지 응답을 받기 위한 트리거 설정하기

설문지 응답 받기 트리거 추가

실행할 함수 선택
sendInfoMsg

실행할 배포 선택
Head

이벤트 소스 선택
설문지에서

이벤트 유형 선택
양식 제출 시

취소 저장

확인하기」와 「이메일로 온 메시지 확인하기」와 같이 슬랙 메시지와 이메일을 받을 수 있다. "URL 링크 입력" 부분은 실제 접속해야 하는 URL을 입력하면 "결과 확인하기 Click"에 하이퍼링크가 삽입되어 있어서 클릭하면 해당 URL로 이동할 수 있다. 사용성 개선을 위해서 이후에 결과 확인을 위한 URL 링크를 입력하는 것을 추천한다.

슬랙으로 온 메시지 확인하기

 구글봇 앱 오후 8:28
📋 설문지 응답결과
응답자 :
이름 : 남동득
이메일 : earnest.nam@gmail.com
결과 등록 : PASS

👉 결과 확인 : <URL 링크 입력|결과 확인 하기 Click>

이메일로 온 메시지 확인하기

[설문 응답] 님이 설문 응답을 하였습니다. 받은편지함 ×

earnest.techhr@gmail.com
나에게 ▼

응답자:
이름 남동득
이메일 earnest.nam@gmail.com
결과 등록 PASS

그런데 여기서 처음에 기대했던 응답자의 메일 정보가 입력되지 않은 것을 확인할 수 있다. 설문지에 입력자의 이메일 정보가 들어오지만 다음의 응답자 정보는 시스템에서 수집하는 응답자의 계정 정보이다. 만약 이 응답자 정보를 가져오려면 설문지를 수정해야 한다.

```
const respondent = e.response.getRespondentEmail();
```

보통 구글 워크스페이스를 사용하는 회사는 회사 도메인으로 된 구글 계정을 보유하고 있고 이메일 대신 로그인을 한 계정 정보를 가져온다. 응답자의 로그인 계정 정보를 입력하는 게 값에 오류가 없고 정확하게 해당 인원이 응답을 했는지 확인할 수 있어서 더 유용하다고 볼 수 있다.

응답자의 이메일 주소를 수집하기 위해서는 설정 〉 응답 〉 이메일 주소 수집을 활성화한다. 그림 「설문지의 응답자 이메일 주소 수집 활성화하기」의 설정은 개인용 구글 계정으로 작업을 하여 이메일 주소 수집만 있는데 이 경우에는 이메일 주소를 응답자가 입력하는 설문이 하나 더 생성된다.

기업용 구글 워크스페이스의 경우 그림 「설문지의 응답자 이메일 주소 수집 활성화하기」의 "로그인 필요"에서 "소속 회사 도메인 및 신뢰할 수 있는 하위 조직의 사용자로 제한"이라는 항목을 확인할 수 있다. 이를 활성화하면 소속 회사 구성원을 대상으로 설문을 할 경우 로그인이 된 이메일 주소를 자동으로 수집할 수 있다. 따라서 응답자는 설문 응답 시 필수적으로 로그인을 해야 한다. 사내 설문을 위해서는 해당 기능을 활성화하는 것을 꼭 추천한다.

설문지의 응답자 이메일 주소 수집 활성화하기

이메일을 수집할 경우 그림 「슬랙으로 온 메시지 확인하기(응답자 정보)」와 「이메일로 온 메시지 확인하기(응답자 정보)」와 같이 슬랙 메시지와 이메일에서 응답자 항목에 수집된 이메일 정보가 입

슬랙으로 온 메시지 확인하기(응답자 정보)

 구글봇 앱 오후 8:48
설문지 응답결과
응답자 : earnest.techhr@gmail.com
이름 : 남동득
이메일 : earnest.nam@gmail.com
결과 등록 : PASS

결과 확인 : <URL 링크 입력|결과 확인 하기 Click>

이메일로 온 메시지 확인하기(응답자 정보)

[설문 응답] earnest.techhr 님이 설문 응답을 하였습니다. 받은편지함 ×

earnest.techhr@gmail.com
나에게 ▾

응답자 earnest.techhr@gmail.com
이름 : 남동득
이메일 : earnest.nam@gmail.com
결과 등록 PASS

력된 것을 확인할 수 있다.

 이번 장에서 설문 링크가 포함된 이메일을 작성하여 대상자들에게 발송하고 응답 결과에 대해서 알림을 받고, 결과를 스프레드시트에 업데이트하고, 응답하지 않은 대상자들을 독려해서 응답을 할 수 있게 자동으로 독려하는 방법에 대해서 알아보았다. 내용은 다를 수 있지만 업무를 할 때 자료를 요청받고 전달하는 과정은 유사한 경우들이 많을 것이다. 위의 코드를 활용해서 현재 사용하는 다양한 업무에 적용해보기를 바란다.

2.
조회 화면 만들기

조회를 위한 데이터 정보를 특정 시트에 모으기

업무를 할 때 보통 메일과 슬랙으로 안내를 한다. 그런데 과거의 사용 이력 및 특정 업무의 진행 상태를 개인별로 확인해야 할 때가 있다. 이때 언제든 확인할 수 있는 화면을 제공하면 업무가 훨씬 수월하고 효율적이게 될 것이다.

예를 들어 회사에서 구성원들이 연차의 사용을 관리한다면 개인별로 연차가 몇 회 부여되었고, 그중 몇 회를 사용했고, 언제 연차를 사용했는지 알 수 있는 화면을 제공하는 것이다. 이 화면만으로도 구성원들은 편리하게 연차를 사용하고 관리할 수 있다. 구성원 입장에서는 따로 기록할 필요가 없고 또 화면에서 언제든 조회할 수 있기 때문에 휴가 신청이 정확히 되어 있는지 문의할 필요도 없다.

그래서 사용자의 구글 계정을 확인해서 사용자에게 필요한 연차 정보만 제공하는 화면을 만들어보려고 한다. 먼저 스프레드시트를 새로 하나 만들고 개인별 연차 사용 현황을 보여주는 데이터 시트와 연차 신청 이력을 보여주는 신청 이력 시트 2개를 만들어보자.

연차 사용 현황을 위한 데이터 시트

	A	B	C	D	E	F	G	H
1	이름	이메일	소속	직책	입사일자	부여 연차	사용 연차	잔여 연차
2	남동독	earnest.kor@gmail.com	피플팀	팀장	2021-08-31	15	5	10
3	남반장	earnest.techhr@gmail.com	영업팀	팀원	2019-01-01	16	7	9

연차 신청 이력을 기록한 신청 이력 시트

	A	B	C	D	E	F
1	이메일	이름	유형	시작일자	종료일자	사용일수
2	earnest.kor@gmail.com	남동독	연차	2022-02-01	2022-02-02	2
3	earnest.kor@gmail.com	남동독	연차	2022-03-09	2022-03-09	1
4	earnest.kor@gmail.com	남동독	연차	2022-05-11	2022-05-12	2
5	earnest.techhr@gmail.com	남반장	연차	2022-02-01	2022-02-03	3
6	earnest.techhr@gmail.com	남반장	연차	2022-03-09	2022-03-10	2
7	earnest.techhr@gmail.com	남반장	연차	2022-05-11	2022-05-12	2

데이터는 그림 「연차 신청 이력을 기록한 신청 이력 시트」와 같이 정리되었다. 이제 로그인된 구글 계정 중심으로 정보를 제공하는 화면을 구성해보자.

HTML 화면 구성하는 방법 알아보기

시작하기에 앞서 이번에 배워볼 내용 중 구글 사용자 계정을 확인하는 부분부터 알아보자. 기업용 구글 워크스페이스를 사용하는 경우에만 같은 소속 도메인을 가진 사용자 계정을 확인할 수 있다. 따라서 계정을 비교하는 부분은 기업용 구글 워크스페이스를 사용하는 경우에만 활용이 가능하고 개인용 gmail(지메일) 계정을 사용하는 경우에는 계정 정보를 비교하는 부분은 활용이 불가하니 참고하길 바란다.

지금까지 앱스 스크립트를 생성할 때는 스프레드시트나 설문지에서 확장 프로그램〉 Apps Script로 들어가서 시트와 연결된 스크립트를 생성했다. 그런데 이제부터 만들어볼 스크립트는 특정 시트에 종속된 앱스 스크립트가 아니다. 앱스 스크립트에서 화면을 구성하고 데이터를 호출하는 형태로 되어 있기 때문에 https://script.google.com/에서 바로 앱스 스크립트로 접속을 해서 + 새 프로젝트를 클릭하여 새로운 스크립트를 생성해야 한다.

제목 없는 프로젝트를 하나 생성하고 프로젝트 이름을 "연차 조회 화면 만들기"로 지정하겠다. 구글 앱스 스크립트의 gs 파일은 프로세스 처리를 위한 스크립트 파일인데 일반적으로 웹브라우저에서는 HTML로 화면을 구성한다. 앱스 스크립트에서 + 버튼을 누르면 스크립트와 HTML을 선택할 수 있는데 HTML을 선택해서 화면을 구성해보자.

앱스 스크립트에서 HTML 파일 생성하기

index.html의 기본 코드 정보

```
Apps Script    연차 조회 화면 만들기

파일
Code.gs        1  <!DOCTYPE html>
index.html     2  <html>
라이브러리      3    <head>
서비스         4      <base target="_top">
              5    </head>
              6    <body>
              7
              8    </body>
              9  </html>
```

HTML을 클릭하면 그림 「index.html의 기본 코드 정보」와 같이 HTML 구성을 위한 기본 코드가 구성된다. 해당 HTML 파일명을 index.html로 만들어보자.

HTML 코드는 〈html〉〈/html〉이라는 태그 아래에 head와 body로 구성되어 있다. 〈head〉는 head라는 태그를 시작한다는 의미이다. 〈/head〉는 head라는 태그를 종료한다는 의미로 코드를 닫는 슬래시(/)가 표시되어 있다.

index.html은 Code.gs에서 실행한 데이터를 가져와서 해당 html에 정보를 전달한다. html이 실행될 때 함수가 실행되고 실행된 값을 전달받으려면 google.script.run이라는 API를 사용해야 한다. 사용법에 대한 상세한 내용은 https://developers.google.com/apps-script/guides/html/reference/run에서 확인할 수 있다. 여기에 나오는 함수 중 성공했을 경우 결괏값을 전달받는 콜백 함수인 withSuccessHandler를 사용하겠다.

다음의 URL에 접속하면 코드 「google.script.run API의 샘플 코드 확인하기」와 같은 샘플 코드가 나온다. 여기서 보면 google.

google.script.run API의 샘플 코드 확인하기

Index.html

```
<!DOCTYPE html>
<html>
  <head>
    <base target="_top">
    <script>
      function onSuccess(numUnread) {
        var div = document.getElementById('output');
        div.innerHTML = 'You have ' + numUnread
            + ' unread messages in your Gmail inbox.';
      }

      google.script.run.withSuccessHandler(onSuccess)
          .getUnreadEmails();
    </script>
  </head>
  <body>
    <div id="output"></div>
  </body>
</html>
```

Code.gs

```
function doGet() {
  return HtmlService.createHtmlOutputFromFile('Index');
}

function getUnreadEmails() {
  return GmailApp.getInboxUnreadCount();
}
```

script.run.withSuccessHandler(onSuccess).getUnreadEmails()가 실행되는 걸 알 수 있다. onSuccess는 해당 함수 바로 위에 있는 getUnreadEmails()가 성공했을 때 호출할 콜백 함수이다. getUnreadEmails()는 Code.gs에서 로직을 처리하는 함수인 것을 알 수 있다. 그리고 doGet() 함수는 index.html을 HTML 형

태로 만드는 함수임을 함수 이름에서 알 수 있다. 해당 샘플 코드를 기반으로 함수를 만들어보자.

웹페이지 구현을 위한 스크립트 작성하기

위의 샘플 코드를 기반으로 index.html을 작성했다. code.gs에 getInfo()라는 함수를 만들어서 해당 함수가 성공적으로 실행되면 result(결과)를 〈div id="output"〉〈/div〉 영역에 입력하는 형태로 구현했다.

index.html 코드 구성하기

```
<!DOCTYPE html>
<html>
  <head>
    <base target="_top">
    <script>
    function onSuccess(result) {
      document.getElementById('output').innerHTML = result;
    }
    google.script.run.withSuccessHandler(onSuccess).getInfo();
    </script>
  </head>
  <body>
    <div id="output"></div>
  </body>
</html>
```

위의 index.html이 실행되면 html을 만들 doGet() 함수와 로직을 처리하고 정보를 가져올 getInfo() 함수를 만들어보자.

현재 사용 중인 계정의 정보는 Session에서 알 수 있는데 Session.getActiveUser().getUserLoginId();함수를 사용하면 현재 로

정보 처리를 위한 getInfo() 함수 생성하기

```
function doGet() {
  return HtmlService.createHtmlOutputFromFile('index.html')
}

function getInfo(){
  //접속 중인 User 계정 확인하기
  const userMail = Session.getActiveUser().getUserLoginId();
  console.log(userMail)
  //Data 가져오기
   const sheetURL = "https://docs.google.com/spreadsheets/d/1G27H_WY-epMV-No8MVFztEY9quqwfDD_1mJxPU7m-GE/edit#gid=0";
  const sheetName = "Data";
  const sheet = SpreadsheetApp.openByUrl(sheetURL).getSheetByName(sheetName);
  const lastRow = sheet.getLastRow();
  const lastCol = sheet.getLastColumn();
  const headers = sheet.getRange(1,1,1,lastCol).getValues()[0];
  const data = sheet.getRange(2,1,lastRow-1,lastCol).getValues();
  //칼럼의 위치 정보 확인하기
  const idxOfName = headers.indexOf("이름");
  const idxOfEmail = headers.indexOf("이메일");
  const idxOfTeam = headers.indexOf("소속");
  const idxOfGivenDay = headers.indexOf("부여 연차");
  const idxOfUseDay = headers.indexOf("사용 연차");
  const idxOfNoUseDay = headers.indexOf("잔여 연차");

  //데이터 가져오기
  let text ="";
  for(let i=0 ; i<data.length ; i++){
    if(userMail==data[i][idxOfEmail]){
      text = data[i][idxOfTeam]+"팀의 "+data[i][idxOfName]+" 님은 부여된 연차 "+data[i][idxOfGivenDay]+" 개 중에 "+data[i][idxOfUseDay]+" 개를 사용하였고,"
        +"<br>"+"현재 "+data[i][idxOfNoUseDay]+" 개 휴가가 남아 있습니다.";
    }
  }
  return text;
}
```

그인된 이메일 계정의 정보를 반환한다. 다만 앞에서 설명했듯이 기업용 계정일 때 같은 이메일 도메인을 사용하는 구성원의 경우에 한정된다. 개인 gmail 계정을 사용한다면 접속한 타인의 이메일 계정을 확인할 수 없다.

코드 「정보 처리를 위한 getInfo() 함수 생성하기」의 getInfo() 함수는 사용자 계정을 확인하여 userMail에 할당하고 가져오고자 하는 스프레드시트의 URL과 시트명을 활용해서 데이터를 가져온다. 데이터를 불러온 다음에는 가져오고자 하는 데이터의 header(칼럼)의 위치 정보를 할당한다. 데이터의 이메일 중 사용자 계정(구글 이메일)과 동일한 이메일 계정일 경우 연차에 대한 정보를 text에 할당하여 반환하는 형태로 구성되어 있다.

이렇게 작성한 코드를 웹에서 사용할 수 있도록 배포해보자.

스크립트를 웹 앱에 배포하기

스크립트의 우측 상단에 보면 배포 버튼이 있다. 버튼을 누르면 새 배포, 배포 관리, 테스트 배포 세 가지가 나오는데 최초로 배포할 때는 새 배포를 클릭한다.

그림 「새 배포에서 웹 앱 선택하기」와 같이 새 배포 화면이 뜨면 유형 선택 우측에 있는 톱니바퀴를 클릭한다. 그러면 어떻게 배포할지 선택할 수 있는데 웹에서 사용하기 위한 목적이므로 웹 앱을 클릭한다.

웹 앱을 선택하면 각 구성에 대한 설명과 어떤 사용자 인증 정보로 실행할지, 액세스 권한을 어디까지 줄지를 입력하는 화면이 나온다. 설명은 향후 버전 관리를 위해서 변경된 내용을 작성하는 것

배포하는 방법

새 배포에서 웹 앱 선택하기

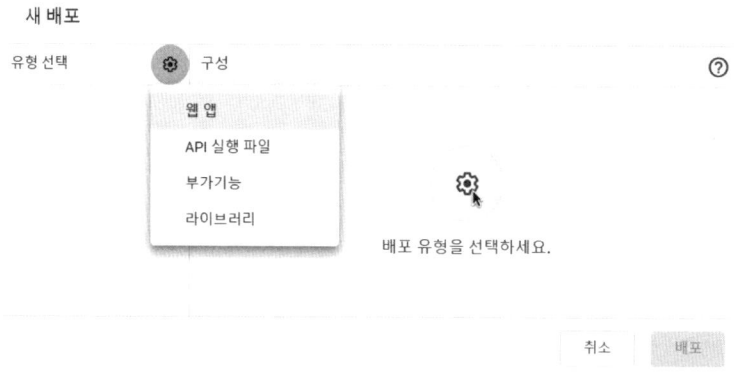

이 좋고 사용자 정보는 주로 코드를 만든 사람의 이메일 정보가 될 것이다.

여기서 중요한 점은 액세스 권한이 있는 사용자이다. 기업용 구글 워크스페이스를 사용한다면 회사 도메인의 모든 사용자를 선택하여 내부 구성원들만 접근할 수 있는 웹페이지를 만들 수 있다. 만약 외부 사람들이 접근하게 하려면 구글 계정이 있는 모든 사용자를 선택하면 누구나 접근할 수 있는 웹페이지를 만들 수 있다.

웹 앱 배포 구성 설정하기

최초 배포 진행 시 나타나는 경고 문구

그림 「웹 앱 배포 구성 설정하기」의 내용을 작성하고 배포 버튼을 누르면 앞에서 스크립트를 처음 시작할 때와 마찬가지로 경고

배포가 완료된 웹 앱 URL 확인하기

새 배포

배포가 업데이트되었습니다.

버전 1(7월 31일, 오전 12:26)

배포 ID
AKfycbx_m-5gqKZMU-_zohIJTIXsk9CfOLUQ4YDfVPNtY1GzojcCBYeM1vKHU9Uchaom0Tny
복사

웹 앱
URL
https://script.google.com/macros/s/AKfycbx_m-5gqKZMU-_zohIJTIXsk9CfOLUQ4YDfVPNtY1GzojcCBYeM1vKHU9Uchao...
복사

완료

문구가 나타난다. 이는 구글에서 이 코드의 개발자는 누구이며 이 코드는 안전하지 않을 수 있기 때문에 해당 개발자를 모른다면 사용하지 말라는 경고다. 이 코드는 우리가 직접 만들 코드이기 때문에 Advanced를 클릭하고 아래 "Go to 연차 조회 화면 만들기 (unsafe)" 부분을 클릭하여 적용한다.

새 배포가 완료되면, URL이 제공되는데 향후에 해당 URL을 클릭

웹 앱 URL 실행 결과

script.google.com/macros/s/AKfycbx_m-5gqKZMU-_zohIJTIXsk9

이 애플리케이션은 Google이 아닌 다른 사용자가 만들었습니다.

서비스 약관

영업팀팀의 남반장 님은 부여된 연차 16 개 중에 7개를 사용하였고, 현재 9 개 휴가가 남아 있습니다.

하면 코드가 실행된다. 해당 URL을 복사하여 이 링크를 휴가 조회 화면이나 슬랙에 공지해서 누구나 필요할 때마다 언제든 확인할 수 있게 해두면 이후에는 휴가 정보에 대해서 하나씩 확인할 필요가 없다.

해당 URL을 클릭하면 그림 「웹 앱 URL 실행 결과」와 같이 사용자 정보를 확인하여 코드에 작성해둔 정보를 보여준다. 참고로 gmail 개인 계정을 사용한 경우에는 서비스 약관이 나타난다. 기업용 구글 워크스페이스를 사용하여 내부 구성원을 대상으로 오픈한 경우에는 경고 문구와 서비스 약관이 나타나지 않는다.

구글 앱스 스크립트로 웹페이지를 구성해보았다. 이번에는 사용자의 편의성 개선을 위해서 휴가 신청 이력을 함께 보여주는 웹페이지를 구성하여 배포해보자.

코드 「신청 이력을 포함한 연차 정보 가져오기」에서 함수 getInfo()에 신청 이력 데이터 가져오기와 테이블(표) 형태의 데이터 가져오기가 추가된 것을 확인할 수 있다. 자세히 보면 결국 두 개의 시트에서 각각 데이터를 가져오고 같은 화면에 구성하는 방식이라고 보면 된다. 그리고 Data 시트의 경우 sheet라는 이름으로 사용했으나 이후 가져오는 데이터의 경우 histSheet로 이름을 정해서 각 변수가 어떤 목적으로 사용되었는지 좀 더 쉽게 알 수 있게 했다. 그리고 테이블 형태로 값을 가져오기 위해서 HTML 태그 중 테이블을 만드는 table 태그를 사용했다. ⟨table⟩의 경우 ⟨tr⟩로 줄 바꾸기를 하고 ⟨th⟩로 테이블의 칼럼명을 입력하고 ⟨td⟩로 테이블의 데이터를 입력하는 형태로 사용한다.

참고로 HTML 태그를 좀 더 알고 싶다면 https://www.w3sch

신청 이력을 포함한 연차 정보 가져오기

```
function doGet() {
  return HtmlService.createHtmlOutputFromFile('index.html')
}

function getInfo(){
  //접속 중인 User 계정 확인하기
  const userMail = Session.getActiveUser().getUserLoginId();
  console.log(userMail)
  //Data 가져오기
  const sheetURL = "https://docs.google.com/spreadsheets/d/1G27H_WY-epMV-No8MVFztEY9quqwfDD_1mJxPU7m-GE/edit#gid=0";
  const sheetName = "Data";
  const sheet = SpreadsheetApp.openByUrl(sheetURL).getSheetByName(sheetName);
  const lastRow = sheet.getLastRow();
  const lastCol = sheet.getLastColumn();
  const headers = sheet.getRange(1,1,1,lastCol).getValues()[0];
  const data = sheet.getRange(2,1,lastRow-1,lastCol).getValues();
  //칼럼의 위치 정보 확인하기
  const idxOfName = headers.indexOf("이름");
  const idxOfEmail = headers.indexOf("이메일");
  const idxOfTeam = headers.indexOf("소속");
  const idxOfGivenDay = headers.indexOf("부여 연차");
  const idxOfUseDay = headers.indexOf("사용 연차");
  const idxOfNoUseDay = headers.indexOf("잔여 연차");

  //데이터 가져오기
  let text ="";
  for(let i=0 ; i<data.length ; i++){
    if(userMail == data[i][idxOfEmail]){
       text = data[i][idxOfTeam]+"팀의 "+data[i][idxOfName]+" 님은 부여된 연차 "+data[i][idxOfGivenDay]+" 개 중에 "+data[i][idxOfUseDay]+" 개를 사용하였고,"
          +"<br>"+"현재 "+data[i][idxOfNoUseDay]+" 개 휴가가 남아 있습니다."+"<br>"+"<br>";
       break;
    }
  }
  //신청 이력 데이터 가져오기
  const histSheetName = "신청이력";
  const histSheet = SpreadsheetApp.openByUrl(sheetURL).getSheetByName(histSheetName);
  const hlastRow = histSheet.getLastRow();
```

```
  const hlastCol = histSheet.getLastColumn();
  const histHeaders = histSheet.getRange(1,1,1,hlastCol).getValues()[0];
  const histData = histSheet.getRange(2,1,hlastRow-1,hlastCol).getValues();
  //칼럼의 위치 정보 확인하기
  const hidxOfEmail = histHeaders.indexOf("이메일");
  const hidxOfType = histHeaders.indexOf("유형");
  const hidxOfStart = histHeaders.indexOf("시작일자");
  const hidxOfEnd = histHeaders.indexOf("종료일자");
  const hidxOfUse = histHeaders.indexOf("사용일수");
  //테이블(표) 형태의 데이터 가져오기
  let table ='<table border="1" style="border:1px solid; text-align:center;">'
     +'<th>'+histHeaders[hidxOfType]+'</th>'+'<th>'+histHeaders[hidxOfStart]+'</th>'+'<th>'+histHeaders[hidxOfEnd]+'</th>'+'<th>'+histHeaders[hidxOfUse]+'</th>'
  for(let i=0 ; i<histData.length ; i++){
    if(userMail == histData[i][hidxOfEmail]){
      table = table +'<tr>'+'<td>'+histData[i][hidxOfType]+'</td>'+'<td>'+formatDate(histData[i][hidxOfStart])+'</td>'
           +'<td>'+formatDate(histData[i][hidxOfEnd])+'</td>'+'<td>'+histData[i][hidxOfUse]+'</td>'+'</tr>'
    }
  }
  table = table+'</table>'+'휴가 사용 이력은 위와 같습니다.'+'<br>'

  return text+table;
}
//날짜 변환
function formatDate(date) {
  let d = new Date(date),
  month = '' + (d.getMonth() + 1),
  day = '' + d.getDate(),
  year = d.getFullYear();
  if (month.length < 2) month = '0' + month;
  if (day.length < 2) day = '0' + day;

  return [year, month, day].join('-');
}
```

ools.com/에서 HTML과 CSS, 자바스크립트에 대해서 더 자세하게 배울 수 있다.

　getInfo() 함수에서 text라는 변수에 연차에 대한 요약 정보를,

테스트 배포 진행하기

table이라는 변수에 연차 사용 이력을 넣어서 정보를 반환하는 형태의 코드를 만들었다. 해당 코드가 정상적으로 실행되는지 배포 전에 테스트하고 싶다면 배포 > 테스트 배포에 나타난 URL을 클릭해서 확인할 수 있다.

테스트 배포 후 정식으로 배포를 해야 한다. 배포에서 새 배포를

배포 관리를 통해서 버전 관리하기

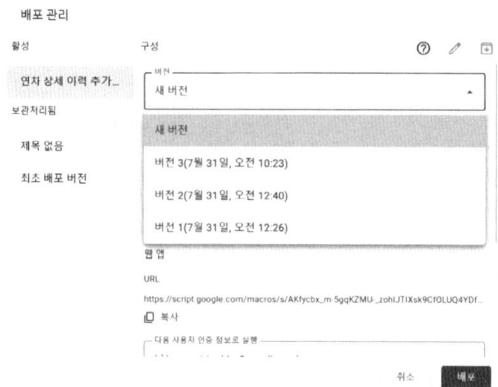

연차 사용 이력을 포함한 웹페이지 구성 화면

유형	시작일자	종료일자	사용일수
연차	2022-02-01	2022-02-03	3
연차	2022-03-09	2022-03-10	2
연차	2022-05-11	2022-05-12	2

영업팀의 남반장 님은 부여된 연차 16 개 중에 7개를 사용하였고, 현재 9 개 휴가가 남아 있습니다.

휴가 사용 이력은 위와 같습니다.

하게 되면 새로운 URL로 변경되어서 이미 공지한 URL을 바꾸어야 하는 불편함이 생긴다. 그래서 가급적 배포는 배포 관리에서 버전을 올리면서 동일한 URL을 유지하는 것을 추천한다. 먼저 배포 관리에서 활성화된 내용을 클릭, 우측 상단의 수정 버튼을 클릭, 구성에서 버전 〉 새 버전을 클릭하여 설명 및 내용을 입력한 후 배포를 한다. 만약 이전 버전으로 돌아가고 싶다면 이전 버전을 선택한 후 배포를 하면 해당 버전으로 롤백이 가능하다.

제공된 URL을 클릭하면 그림 「연차 사용 이력을 포함한 웹페이지 구성 화면」과 같이 연차 사용에 대한 요약 정보와 사용 이력 정보를 한 화면에서 볼 수 있게 웹페이지가 구성된 것을 확인할 수 있다. 이와 같이 사용자를 기준으로 다양한 정보를 한 화면에 제공할 수 있다.

웹페이지 만들기 팁

만든 웹페이지가 실제 브라우저에서 동작하는 방식 혹은 좀 더 가독성 좋은 디자인으로 바꾸고 싶은데 어떻게 해야 할지 궁금

개발자 도구 보기 접근하기

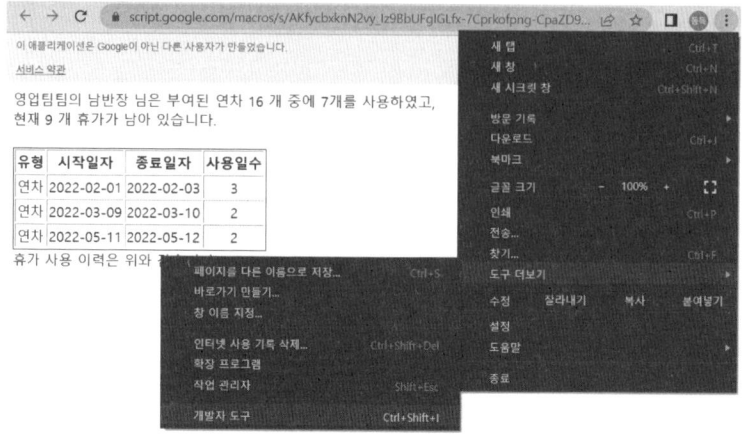

개발자 도구 사용하기

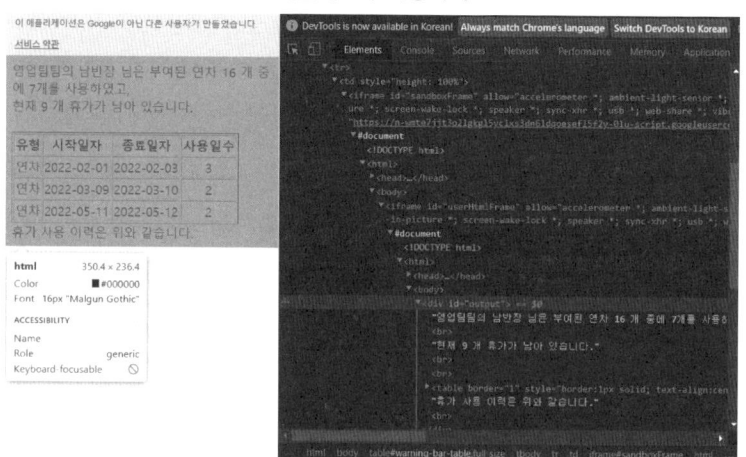

할 수 있다. 실제 브라우저에서 보이는 화면의 구성을 보고 싶다면 F12 키를 누르거나 그림 「개발자 도구 보기 접근하기」와 같이 더 보기 버튼을 누른 후 도구 더보기 > 개발자 도구를 클릭하면 HTML 구성을 볼 수 있다.

웹페이지의 Styles 확인하기

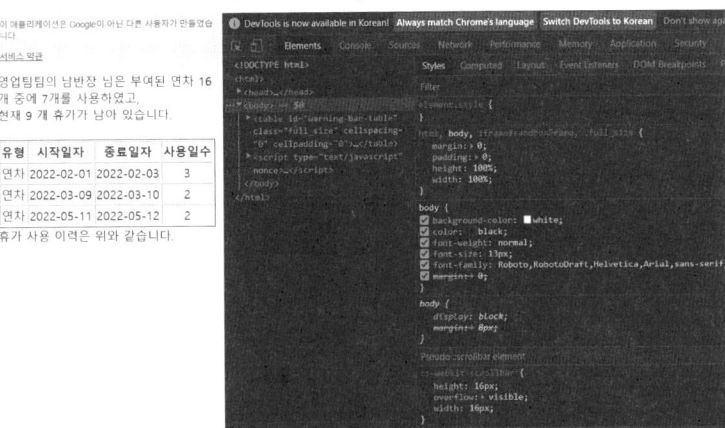

개발자 도구에 들어가면 그림 「개발자 도구 사용하기」와 같이 DevTools가 나온다. 좌측 상단의 네모+화살표 아이콘을 클릭하고 브라우저 화면 위에 커서를 대면 해당 영역의 코드가 우측 개발자

w3schools의 CSS 학습 예시

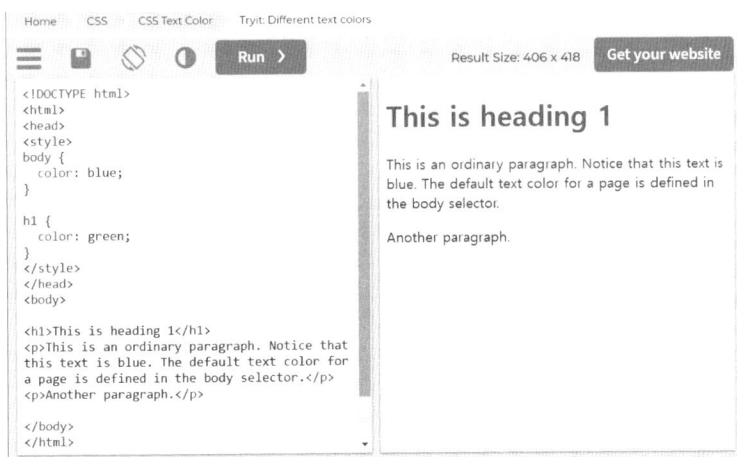

3장 업무자동화 프로젝트별 활용   **211**

도구에 표시된다. 여기에서 〈div id="output"〉〈/div〉에 innerHTML로 코드를 삽입했는데 입력한 코드가 어떤 식으로 표시되고 해당 코드가 브라우저에서 어떻게 보이는지도 확인할 수 있다.

만약 좀 더 새로운 디자인과 기능을 사용하고 싶다면 평소에 관심이 있는 사이트의 개발자 도구에 접속하여 CSS 및 HTML 코드를 참고할 수 있다. 그림 「웹페이지의 Styles 확인하기」와 같이 현재 작업 중인 브라우저의 Styles에서 적용해보고 나서 앱스 스크립트에 반영한 후 배포하면 시행착오를 줄일 수 있을 것이다.

그리고 앞에서 간단하게 소개했듯이 웹사이트 제작에 관심이 있다면 w3schools(https://www.w3schools.com/)에서 HTML과 CSS를 공부해보기를 추천한다. 무료 사이트이고 실제로 코드를 작성해서 실행하면 코드가 웹브라우저에서 어떻게 보이는지 우측에 바로 보여주기 때문에 유용하다.

3.
이벤트 추첨기 만들기

이벤트 추첨기를 만들어야 하는 이유

회사 생활을 하다 보면 다양한 이벤트를 운영하고 참석자 대상으로 추첨해서 경품을 지급해야 하는 경우가 많다. 당첨자를 선정할 때 가장 중요한 부분은 추첨 방식과 공정성이라고 생각한다. 이벤트에 참석한 모든 사람이 수용하고 받아들이려면 추첨자의 의지가 개입되지 않고 최대한 무작위로 추첨되어야 한다. 필자도 사내 행사로 신년회, 송년회를 할 때 경품 추첨을 하거나 외부 이벤트로 당첨자를 뽑을 때마다 어떻게 해야 사람들이 공정하다고 받아들일 수 있는 방식으로 이벤트를 운영할 수 있을까에 대해서 고민한 적이 있다.

과거에는 추첨할 때 응모한 사람들의 이름을 하나씩 종이에 쓰고 그 종이를 접어서 상자 안에 집어넣은 뒤에 추첨자가 눈을 감고 상자에 손을 넣어 당첨자를 뽑는 방식이 일반적이었다. 이러한 방식이 공정하다고 여길 수는 있지만 종이가 어느 위치에 놓여 있는지, 언제 종이를 넣었는지, 추첨자의 성향이 어떤지에 따라서 각 개인의 당첨 확률이 달라진다. 그리고 인원이 많지 않다면 응모자가 한 명씩 종이에 쓰고 종이를 접어도 문제가 되지 않는다. 하지만 인원이 수백 명, 수천 명이 되면 실제로 운영하기 어려운 방식이다.

그렇다면 어떻게 더욱 쉽고 사람들이 공정하다고 받아들일 수 있는 방식으로 추첨을 할 수 있을까? 필자가 고려하는 방식은 로또의 당첨 번호 선정 방식과 유사하다. 로또의 방식은 45개의 공을 기계에서 계속 섞은 다음에 6개의 번호를 무작위로 선정하는 방식이다. 이는 사람이 개입되지 않고 기계 안에 있는 공들이 무작위로 섞이면서 자동으로 선택된다. 로또 당첨 번호 선정이 1,000회 이상 진행되었지만 번호 선정에 대한 문제는 특별히 없었던 것으로 기억하고 있다.

회사에서 추첨할 때도 로또 방식과 유사하게 할 수 있다. 배열을 하나 만들어서 대상자들의 정보를 등록한 후 순서를 무작위로 섞는다. 그런 다음 원하는 인원수를 지정하고 그 수만큼만 당첨자를 선정하면 원하는 결과를 얻을 수 있다.

이번 장에서 만들어볼 이벤트 추첨기는 경품 당첨자 선정뿐만 아니라 사내 이벤트를 할 때, 조를 분배하기 위해 조 추첨을 할 때 혹은 다양한 메뉴 중에 오늘 먹을 음식을 자동으로 선택할 때 활용할 수 있을 것이다.

이벤트 추첨기 화면 구성하기

앞에서 배운 방법을 활용해본다면 스프레드시트에 등록된 대상자 정보를 불러와서 원하는 인원수를 정하고 추첨하기 버튼을 누르면 선택된 대상자를 화면에 보여줄 수 있다. 그리고 발송하기 버튼을 누르면 원하는 슬랙 채널에 자동으로 당첨 결과를 안내하는 형태로 만들 수 있다. 다만 스프레드시트에서 데이터를 가져올 수도 있지만 화면에서 실시간으로 대상자를 등록해서 추첨하는 게 활용하기에 좀 더 편리할 것으로 생각하여 이번에는 스프레드시트가 아니라 데이터를 화면에 직접 입력하는 방식으로 이벤트 추첨기를 만들어보겠다.

먼저 웹브라우저에서 https://script.google.com/를 입력하여 앱스 스크립트에 접속한다. 그리고 좌측의 + 새 프로젝트를 클릭한 다음 "이벤트 추첨기 만들기"로 신규 프로젝트를 생성한다. 웹사이트를 만들기 위해서는 HTML 파일이 필요하므로 그림 「앱스 스크립트의 신규 프로젝트에서 index.html 생성하기」와 같이 파일 항목 좌측에 있는 +를 클릭하여 HTML을 선택한 다음 index.html

앱스 스크립트의 신규 프로젝트에서 index.html 생성하기

을 만든다.

이벤트 추첨을 하기 위해서 어떤 정보들이 필요할까? 최소한 다음의 세 가지 정보가 있어야 당첨자를 선정할 수 있다.

- 이벤트를 응모한 대상자 정보
- 추첨하려는 인원수
- 당첨된 인원 정보

세 가지 정보를 입력하고 당첨자를 출력하는 index.html을 구성해보자.

index.html이 정상 작동을 하기 위해서는 앞에서 설명한 것처럼 HTML 화면을 앱스 스크립트로 출력하기 위한 doGet() 함수를 Code.gs에서 다음과 같이 생성한다.

다음의 두 가지 코드를 모두 다 입력한 다음에 우측 상단의 배포 〉새 배포 〉유형 선택 〉웹 앱을 클릭하고, 설명에 '이벤트 추첨기 화면 배포'라고 입력한 후 좌측 하단의 배포 버튼을 누른다. 그러면 새 배포 화면 하단에 URL를 확인할 수 있다. 이 URL을 클릭하면 그림 「index.html로 생성한 이벤트 추첨기 화면」과 같이 사이트에 접속할 수 있다.

추첨 인원수는 input 태그를 사용하여 값을 입력할 수 있게 했고, 해당 태그의 id는 max_num으로 지정하여 입력할 수 있는 문자의 최대 길이를 5글자로 제한했다. 5자인 99999까지는 입력이 되지만 6자인 100000은 입력이 불가하다. 만약 입력할 수 있는 문

이벤트 추첨기 HTML 코드 구성 화면

index.html

```html
<!DOCTYPE html>
<html>
  <head>
    <base target="_top">
    <script>
    function onSuccess(status) {
      document.getElementById('output').innerHTML = status;
    }

    function start(){
      let maxNum = document.getElementById("max_num").value;
      let str = document.getElementById("input_name").value;
      let arr = str.split(",")
      google.script.run.withSuccessHandler(onSuccess).getInfo(maxNum,arr);
    }
    </script>
  </head>
  <body>
    <h1>이벤트 추첨기</h1>
    추첨 인원수 : <input type="text" id="max_num" maxlength="5" value="5"></input><br>
    추첨 대상자 입력 <br>
    <textarea id="input_name" placeholder="추첨 대상 인원을 쉼표(,)로 구분하여 입력해 주세요." rows="5" cols="50" ></textarea><br>
    <button type="button" id="start_btn" onclick="start();">추첨하기</button><br>
    아래 선택되신 분들의 당첨을 축하합니다!!!!<br>
    <div><strong id="output"></strong></div>
  </body>
</html>
```

HTML 화면 생성을 위한 doGet 함수 생성하기

Code.gs

```
function doGet() {
  return HtmlService.createHtmlOutputFromFile('index.html')
}
```

index.html로 생성한 이벤트 추첨기 화면

이벤트 추첨기

추첨 인원수 : [5]
추첨 대상자 입력
[추첨 대상 인원을 쉼표(,)로 구분하여 입력해 주세요.]

[추첨하기]
아래 선택되신 분들의 당첨을 축하합니다!!!!

자 길이를 조정하려면 maxlength의 값을 수정하면 된다. 그리고 최초 세팅으로 5라는 값을 입력해두었다.

추첨 대상자 입력은 textarea 태그를 사용하여 많은 양의 텍스트를 입력할 수 있게 했고 태그의 id는 input_name으로 지정했다. textarea의 크기는 사용자가 해당 박스의 우측 하단을 마우스로 클릭한 후 자유롭게 조정할 수 있으나 가독성을 높이기 위해서 최초로 생성될 때 아래로 5줄, 옆으로 50칸의 크기가 되도록 지정해 두었다.

그리고 아래의 추첨하기 버튼을 누르면 start() 함수가 호출되는데, start() 함수에서 document.getElementById("id").value라는 함수를 처음 보게 될 것이다. 여기서 document는 브라우저에서 호출한 현재의 웹페이지를 나타낸다. getElementById("id")는 특정 태그에서 지정한 id의 값을 통해서 선택한 태그의 정보를 가져온 다음에 value를 통해서 해당 태그에 입력된 값을 반환할 수 있다. 그래서 입력값의 정보를 가져오기 위해 input과 textarea 각각에 id를 지정했다.

이제 지정한 추첨 인원수와 추첨 대상자의 값을 가져와서 Code. gs의 getInfo(maxNum,arr) 함수를 호출하여 코드가 문제없이 성공할 경우, 그림 「index.html로 생성한 이벤트 추첨기 화면」과 같이 이벤트 추첨기 화면에서 "아래 선택되신 분들의 당첨을 축하합니다!!!!"라는 문구 아래에 선택된 당첨자 정보가 입력되게 만들 예정이다. 이제 당첨자 정보를 반환하는 getInfo(maxNum,arr) 함수를 만들어보자.

이벤트 당첨자 선정하기

이벤트에서 당첨자를 선정할 때 어떤 방식으로 선정하면 가장 공정하다고 인식할까? 앞에서는 로또의 추첨을 예로 들었다. 일반적으로 추첨을 할 때 다음의 세 가지 조건이 충족되면 추첨 방식이 공정하다고 판단할 수 있다.

- 추첨자의 의도가 개입되지 않는다.
- 모든 대상자의 당첨 확률이 동일하다.
- 동일한 결과의 재현이 불가능하다.

그럼 이러한 조건을 충족하기 위해서는 어떻게 해야 할까? 앞에서 만든 화면(index.html)에서 Code.gs의 getInfo를 호출할 때, 추첨 인원수와 추첨 대상자 정보를 배열로 처리하여 전달하게끔 구성해두었다. 따라서 html에서 str.split(",")라는 함수를 볼 수 있다. 일반적으로 textarea에서 입력된 값은 문자열로 인식된다. 그래서 문자열을 배열로 만들기 위해서는 특정 문자를 기준으로 문자열을 분리하여 배열로 전환해야 한다. 여기에서 사용된 split 함수는 입력된 문자를 기준으로 문자열을 배열로 전환한다. split을 사용하여 쉼표(,)를 기준으로 문자열을 배열로 전환하고 arr이라는 변수에 할당했다는 것을 알 수 있다.

이제 당첨자 선정을 위해서 대상자를 무작위로 섞을 수 있는 셔플 함수를 만들어보자. 입력된 정보를 무작위로 섞는 알고리즘 중에서 위에서 요청한 정보를 가장 잘 충족한다고 판단되는 피셔-예이츠Fisher-Yates 알고리즘을 사용하여 작성해보겠다.

코드 「피셔-예이츠 알고리즘을 활용한 셔플」의 셔플 함수는 함수를 실행할 때 배열을 입력값으로 전달하도록 구현했다. 그리

피셔-예이츠 알고리즘을 활용한 셔플

```
Code.gs
function doGet() {
  return HtmlService.createHtmlOutputFromFile('index.html')
}
function shuffle(arr) {
  for(let i = arr.length - 1; i > 0; i--) {
    //배열에서 무작위 위칫값을 randomIndex에 할당하기
    const randomIndex = Math.floor(Math.random() * (i + 1));

    // 배열의 i번째 값을 무작위로 선정된 배열의 randomIndex 값으로 교환하기
    const temp = arr[i];
    arr[i] = arr[randomIndex];
    arr[randomIndex] = temp;
  }
  //새롭게 정렬된 배열을 반환하기
  return arr
}
```

고 전달된 배열의 길이만큼 배열을 섞는다. 섞을 배열의 위칫값은 Math.floor(Math.random() * (i + 1))라는 함수를 통해서 무작위로 선택한다. Math.random()은 0 이상 1 미만의 난수를 생성하는 함수이고 Math.floor는 입력된 숫자와 같거나 가장 작은 정수 중에서 가장 큰 수를 반환하는 함수라는 점만 알아두자. 만약 피셔-예이츠 셔플 알고리즘에 대해서 좀 더 알고 싶다면 위키피디아나 구글에서 검색하면 된다.

피셔-예이츠 셔플 알고리즘을 실행하면 배열의 순서와 위치에 상관없이 거의 유사한 확률로 당첨자가 무작위로 생성되는 것을 알 수 있다. 해당 결과에 대해서 증명을 하는 블로그 등은 구글 검색으로 쉽게 찾아볼 수 있다.

추첨 대상자를 무작위로 섞는 셔플 함수를 만들었다. 그러면 이제 필요한 인원수만큼 당첨자를 선정하고 당첨자 정보를 전달하는 getInfo() 함수를 만들어보자.

getInfo() 함수를 실행할 때 입력된 배열과 섞은 후의 배열이 무작위로 잘 섞였는지 확인하기 위해 console.log를 활용하여 배열의 값의 변화를 확인했다. 그리고 list라는 배열을 만든 후 shift()라는 함수를 통해서 추첨 인원수에 맞게 대상자를 섞은 배열을 할당한 shuffled에서 맨 앞의 값을 빼서 list에 입력하게 했다.

만약 shuffled에서 배열의 맨 끝의 값을 빼서 list에 입력하기를 원한다면 pop()라는 함수를 활용하면 된다. 그리고 문자열을 배열로 바꿀 때는 str.split(",") 함수를 사용했다. 반대로 배열을 문자열로 바꿀 때는 arr.join(",") 함수를 사용하여 배열의 값을 ","로 연결

선정된 당첨자 정보를 전달하는 getInfo 함수

Code.gs

```
function doGet() {
  return HtmlService.createHtmlOutputFromFile('index.html')
}
function shuffle(arr) {
  for(let i = arr.length - 1; i > 0; i--) {
    //배열에서 무작위 위칫값을 randomIndex에 할당
    const randomIndex = Math.floor(Math.random() * (i + 1));

    // 배열의 i번째 값을 무작위로 선정된 배열의 randomIndex 값으로 교환하기
    const temp = arr[i];
    arr[i] = arr[randomIndex];
    arr[randomIndex] = temp;
  }
  //새롭게 정렬된 배열을 반환하기
  return arr
}
function getInfo(num,arr){
  //입력된 대상자 정보 확인하기
  console.log(arr)
  //대상자 순서 섞기
  const shuffled = shuffle(arr)
  //섞인 대상자 순서 확인하기
  console.log(shuffled)
  let list =[]
  //추첨 인원수에 따라 당첨자 선정하기
  for(let i=0; i<num ; i++){
    list.push(shuffled.shift())
  }
  //당첨자 정보 확인 및 전달하기
  console.log(list)
  return list.join(",")
}
```

하여 문자열로 변경한다.

앞의 index.html과 Code.gs 작성이 완료되면 앱스 스크립트에서 배포한 후 생성된 URL을 클릭하면 그림 「이벤트 추첨기 실행

결과」와 같이 이벤트 추첨기에 접속할 수 있다. 추첨 인원수와 추첨 대상자를 쉼표(,)로 구분하여 입력한 다음에 아래의 추첨하기 버튼을 누르면 당첨자 정보가 해당 페이지 하단에 입력되는 것을 확인할 수 있다.

이벤트 추첨기 실행 결과

이벤트 추첨기

추첨 인원수 : 5
추첨 대상자 입력

라이언,엘레나,어니스트,제니퍼,루피,루크,헤이즐,루카스,제시,토미,폴,찰스,소크라테스,루돌프

추첨하기
아래 선택되신 분들의 당첨을 축하합니다!!!!
루크,라이언,폴,엘레나,루피

해당 추첨기가 잘 작동되어 배열이 제대로 섞였는지 확인하기 위해서 사전에 입력한 console.log의 값을 확인해보자. 앱스 스크립트 좌측의 내비게이션 4번째 항목인 실행을 클릭한다. 그러면 지금까지 실행했던 코드 정보들을 확인할 수 있다. 이 중에서 가장 최근에 실행된 getInfo 함수를 클릭하면 함수가 실행되었을 때의 Console.log 정보를 확인할 수 있다.

로그 정보를 확인하면 그림 「Console.log에 찍힌 Shuffled된 정보와 당첨자 정보」와 같은 정보를 볼 수 있다. 첫 번째 로그에는 입력된 대상자 정보가 두 번째 로그에서 무작위로 섞여 있는 것을 확인할 수 있다. 그리고 마지막 로그에는 두 번째 로그에서 보여준

Console.log 정보 확인하러 가기

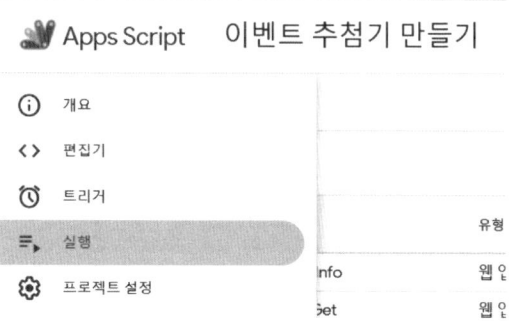

배열의 앞에서부터 5명의 정보가 추출된 것을 확인할 수 있다.

이와 같이 간단하게 이벤트 당첨자를 추첨하는 프로그램을 만들어 보았다. 보통 당첨자를 추첨했다면 당첨자가 알 수 있게 공지하거나 안내해야 이후에 처리해야 할 관련 업무를 원활하게 진행할수 있을 것이다. 개인별 안내는 앞에서 배운 개인별 이메일을 보내는 방법을 활용하여 구현할 수 있다. 여기서는 해당 이벤트를 사내

Console.log에 찍힌 Shuffled된 정보와 당첨자 정보

```
Cloud 로그

2023. 3. 12. 오후 3:36:44   디버그   ['라이언',
                                     '엘레나',
                                     '어니스트',
                                     '제니퍼',
                                     '루피',
                                     '루크',
                                     '헤이즐',
                                     '루카스',
                                     '제시',
                                     '토미',
                                     '폴',
                                     '찰스',
                                     '소크라테스',
                                     '루돌프' ]

2023. 3. 12. 오후 3:36:44   디버그   ['루크', '라이언', '폴', '엘레나', '루피']
```

이벤트라고 가정하고 슬랙을 통해서 자동으로 사내 공지를 하는 방법에 대해서 알아보자.

슬랙으로 이벤트 당첨자 공지하기

업무를 할 때 슬랙을 병행하여 사용한다고 가정하고 당첨자에 대해서 자동으로 슬랙에 공지되는 기능을 추가해보자. index.html 파일에 공지하기 버튼을 추가해서 운영할 수도 있지만 여기서는 대상자가 선정되면 별도의 과정을 거치지 않고 바로 사전에 지정한 슬랙 채널에 메시지를 보내는 형태로 구현해하겠다.

Code.gs 파일에 sendSlack(input)이라는 함수를 만들고 getInfo(num,arr) 함수가 값을 반환하기 전에 해당 함수를 호출하는 형태로 구현해보자. 만약 실행 중인 함수에 return(반환)이 포함되어 있다면 값을 반환하고 실행 중인 함수는 종료되기 때문에 값을 반환하기 전에 필요한 함수를 호출해야 원하는 함수를 호출할 수 있을 것이다.

다음의 코드에 추가된 슬랙 메시지를 발송하는 방법은 이전 장에서 다루었다. 이전과 차이가 나는 부분은 sendSalck에 input이라는 배열을 전달하고 배열을 문자열로 전환하는 부분이다. 그리고 특정인에 대한 멘션을 걸 때 〈@이메일ID〉를 사용했는데 여기에서는 채널에 있는 전체를 멘션하기 위해 〈!channel〉을 사용했다는 점을 확인할 수 있다. 그리고 슬랙에 메시지를 발송할 슬랙 채널의 URL을 확인하여 webhookURL에 입력하는 방법은 앞의 '슬랙 채널에 메시지 보내기'를 참고하길 바란다.

당첨자 공지를 위한 sendSlack 함수

```
Code.gs
function doGet() {
  return HtmlService.createHtmlOutputFromFile('index.html');
}

function shuffle(arr) {
  for(let i = arr.length - 1; i > 0; i--) {
    //배열에서 무작위 위칫값을 randomIndex에 할당하기
    const randomIndex = Math.floor(Math.random() * (i + 1));

    // 배열의 i번째 값을 무작위로 선정된 배열의 randomIndex 값으로 교환하기
    const temp = arr[i];
    arr[i] = arr[randomIndex];
    arr[randomIndex] = temp;
  }
  //새롭게 정렬된 배열을 반환하기
  return arr
}

function getInfo(num,arr){
  //대상자 순서 섞기
  const shffled = shuffle(arr)

  let list =[]
  //추첨 인원수에 따라 당첨자 선정하기
  for(let i=0; i<num ; i++){
    list.push(shffled.shift())
  }
  //당첨자 정보 공지 및 전달하기
  sendSlack(list)
  return list.join(",")
}

function sendSlack(input){
  const num = input.length
  const slackList = input.join("\n")

  //슬랙 메시지 작성하기
  let text = ':tada: *`이벤트 당첨을 축하드립니다!!`* :tada:'
    +'\n'+'이번에 진행한 XXX 이벤트에 아래의 '+num+'명의 당첨자를 선정하였습니다.'
```

```
+'\n'+`당첨자 이름`'
+'\n'+slackList
+'\n'+`당첨되신 분들 모두 진심으로 축하드립니다.' +'<!channel>'

//슬랙 API 양식에 맞춰 값 설정하기
let msg = {"payload":'{"text" : "'+text+'"}'}
let option = {
  "method" : "post",
  "payload" : msg
}
//Webhook URL Copy해서 입력하기
 const webhookURL = "https://hooks.slack.com/services/T03HA0YSZQS/B03NHREC
2G1/1jBk6knFkBcR8nMFqWxGckNC"

//Slack Webhook 호출하기
UrlFetchApp.fetch(webhookURL,option)
}
```

sendSlack에서 발송한 당첨자 공지 화면

🎉 이벤트 당첨을 축하드립니다!! 🎉
이번에 진행한 XXX 이벤트에 아래의 5명의 당첨자를 선정하였습니다.
당첨자 이름
루크
라이언
폴
엘레나
루피
당첨되신 분들 모두 진심으로 축하드립니다. @channel

이벤트 추첨기 URL에 접속해서 추첨 인원수와 추첨 대상자를 입력하고 추첨하기 버튼을 누르면 그림 「sendSlack에서 발송한 당첨자 공지 화면」과 같이 선정된 당첨자에 대해서 지정된 슬랙 채널에 자동으로 공지되는 것을 확인할 수 있다.

이렇게 앱스 스크립트를 활용하여 이벤트 추첨기를 만들어보았다. 추첨 인원수와 추첨 대상자를 입력하는 화면과 당첨자를 무작위로 선정하는 로직, 그리고 결과를 슬랙으로 공유하는 방법까지 전반적으로 다루어보았다. 이와 같이 모든 업무는 순서와 절차가 있고, 이를 하나씩 하나씩 연결한다면 업무에서 필요한 모든 부분을 잘 해결할 수 있을 것이다.

에필로그

디지털 언어와 기술의 진화는
생각보다 훨씬 빠르다

요즘 IT 기술이 급속하게 발전하면서 업무자동화RPA가 대세가 되었다. IT를 처음 접하는 분들이 업무자동화나 IT를 활용하여 업무를 하고자 할 때 무엇을 어떻게 시작해야 할지 고민을 많이 하는 것 같다. 익숙하지 않다 보니 기술을 통해서 해결하고 싶은 문제에 집중하기보다는 우선 언어와 툴에 집중하게 되고, 또 배운 지식을 어떻게 업무에 적용해야 할지 몰라 쉽게 포기하게 된다.

처음 IT 언어를 배우거나 업무자동화를 시도할 때 가장 먼저 접하는 언어는 아마 파이썬이지 싶다. 필자도 데이터를 크롤링하거나 분석할 때는 파이썬을 주로 사용한다. 하지만 회사에서 데이터의 관리와 협업은 주로 구글 스프레드시트와 슬랙에서 이루어지고 개인용 서버를 따로 가지고 있지 않다 보니 자연스럽게 파이썬보다는 구글 앱스 스크립트를 사용하여 업무를 하게 되었다.

지금은 예전보다 기술의 변화가 훨씬 더 빨라지고 언어가 통합

되고 있다. 얼마 전 아나콘다에서 웹브라우저에서도 파이썬을 사용할 수 있는 파이스크립트_PyScript_를 공개했다. 필자도 직접 구글 앱스 스크립트에서 파이스크립트를 테스트했는데 파이썬 라이브러리를 호출하여 데이터를 핸들링하고 시각화하고 머신러닝을 사용할 수 있었다. 만약 구글 앱스 스크립트와 연결하여 파이썬을 사용하고 싶다면 파이스크립트의 공식 사이트(https://pyscript.net/)를 참고하면 도움이 될 것이다.

언어와 기술이 진화되는 것을 보고 있으면 세상은 우리가 상상하는 것보다 훨씬 더 빠르게 더 많은 부분에서 변화가 일어난다는 생각이 든다. 그러다 보니 이러한 변화를 주도하지는 못하더라도 적응하기 위해서 필자를 포함한 많은 사람이 오늘도 고민하고 있다. 다만 좀 더 깊게 고민하고 좀 더 넓게 사고하기 위해서는 우리의 업무 중에서 단순하고 반복적인 업무들을 기계와 코드가 수행할 수 있게 정비하는 것이 여러모로 좋을 듯하다. 그럼으로써 핵심적인 부분에 시간을 더 많이 할애할 수 있다면 자신이 이루고자 하는 무언가를 위한 방법을 더 쉽게 찾을 수 있지 않을까.

필자도 같은 고민을 하는 여러분의 동료로서 함께 이야기를 나누면서 어제보다는 오늘이, 오늘보다는 내일이 더 기대되는 삶을 함께 만들어나갈 수 있기를 바란다.*

---

* 책과 관련해서 궁금한 사항이 있거나 나누고 싶은 이야기가 있다면, 필자의 링크드인(https://www.linkedin.com/in/earnestnam)이나 이메일(earnest.kor@gmail.com)로 연락을 주시면 확인 후 답변을 드릴 수 있도록 최대한 노력하겠습니다.

부록

구글 스프레드시트에서 챗GPT 활용하기

　책을 쓰고 있는 지금 세계적으로 가장 큰 관심을 받고 있는 기술과 서비스는 단연 인공지능이다. 그중에서도 오픈AI에서 만든 챗GPT라고 이야기할 수 있다. 챗GPT는 사용자와 실시간으로 대화가 가능한 AI 챗봇의 일종이라고 보면 된다. 챗GPT가 주목을 받는 이유는 기존의 챗봇과는 달리 대화의 전후 맥락을 고려하여 실제로 사람과 대화하고 있다는 느낌을 주기 때문이다. 이러한 챗GPT의 성능과 기술력에 대해서는 각종 언론과 기사에서 많이 다루고 있다. 필자는 챗GPT를 지금까지 배워 본 스프레드시트에서 사용하는 방법에 대해서 이야기하고자 한다.

　참고로 스프레드시트에서 GPT를 연동하는 기능은 구글 워크스페이스의 공식 기능은 아니다. 구글 클라우드 파트너사에서 제공하는 기능으로 이는 챗GPT를 운영하는 오픈AI의 정책에 따라서 사용방식과 권한 등이 변경될 수 있다. 필자가 기존에 사용하던 오

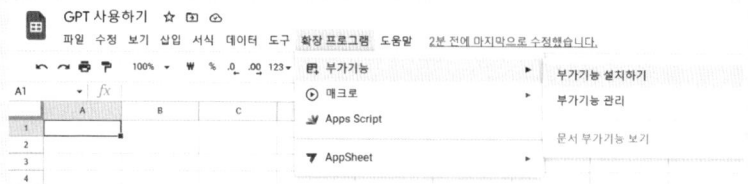

폰AI 계정으로 연결을 시도했을 때 계정이 만료되었고 유료 계정을 사용하라는 가이드(Your OpenAI free trial is expired or inactive. Setting up an OpenAI paid account should help accelerate the activation.)를 확인했다. 만약 스프레드시트에서 GPT를 사용한다면 신규로 계정을 만들거나 유료 계정을 사용해야 안정적으로 사용가능한 점은 참고 바란다.

앞에서 말한 바와 같이 GPT는 스프레드시트에서 공식적으로 제공해 주는 서비스가 아니기 때문에 확장 프로그램에서 별도로 설치를 해야 한다. 그림 「확장 프로그램 〉 부가기능 〉 부가기능 설치하기」와 같이 새로운 스프레드시트를 만들고 상단 메뉴에서 확장 프로그램 〉 부가기능 〉 부가기능 설치하기를 클릭한다.

부가기능 설치하기에 접속을 하면 Google Workspace Marketplace가 나온다. 여기서 GPT for Sheets를 검색하면 그림 「GPT for Sheets 검색 결과」와 같이 GPT for Sheets와 관련된 부가 서비스가 조회가 되고 이중에서 GPT for Sheets and Docs를 선택한다.

그림 「GPT for Sheets에 대한 정보」와 같이 서비스에 대한 설명

GPT for Sheets 검색 결과

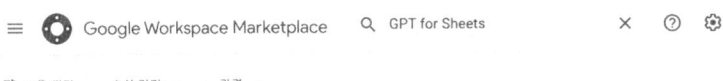

GPT for Sheets에 대한 정보

과 개발자 정보, 호환되는 구글 워크스페이스의 서비스, 그리고 평점 및 다운로드 수 등의 관련 정보를 볼 수 있다. 해당 서비스는 구글이 아닌 탈라리안Talarian이라는 구글 클라우드 파트너사에서 만든 서비스이고 해당 회사에 대한 정보는 talarian.io에서 확인할 수 있다. 우측의 설치 버튼을 눌러서 설치를 하고 설치를 위해 권한이 필요하다는 메시지가 나오면 계속을 클릭하고 요청하는 권한을 허용한다.

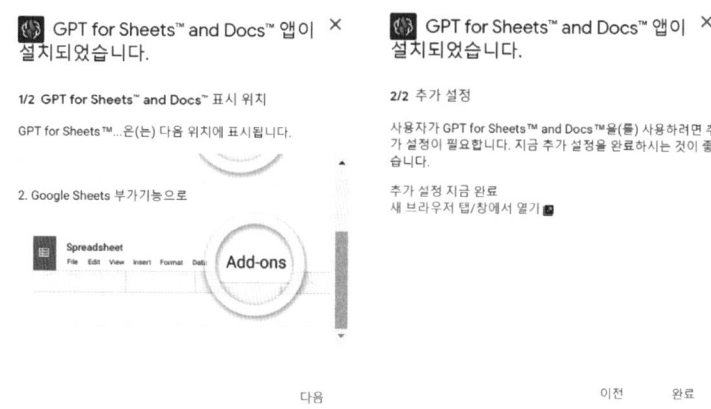

설치가 완료되면 그림 「GPT for Sheets 설치 완료」와 같이 설치 완료 메시지와 해당 기능을 스프레드시트에서 접근하는 방법 그리고 추가 기능 설정에 대한 가이드를 확인할 수 있다. 그림 「GPT for Sheets 설치 완료」 우측의 2/2 추가 설정 이미지에서 추가 설정 지금 완료 라고 표시된 파란색 링크를 클릭을 하면 API Key를 설정하는 방법을 확인할 수 있다.

먼저 가이드에 따라서 챗GPT를 제공하는 오픈AI의 사이트 (https://platform.openai.com/signup)로 접속한다. 그러면 그림 「오픈AI 계정 가입 절차」와 같이 계정 가입을 하는 절차가 나온다. 맨 먼저 Continue with Google을 클릭해 가입할 구글 계정을 선택하면 사용자의 이름과 성을 입력하고 전화번호를 확인한 후 수신 받은 인증 번호를 입력한 후 오픈AI 사용 목적을 선택하면 계정 가입이 완료된다.

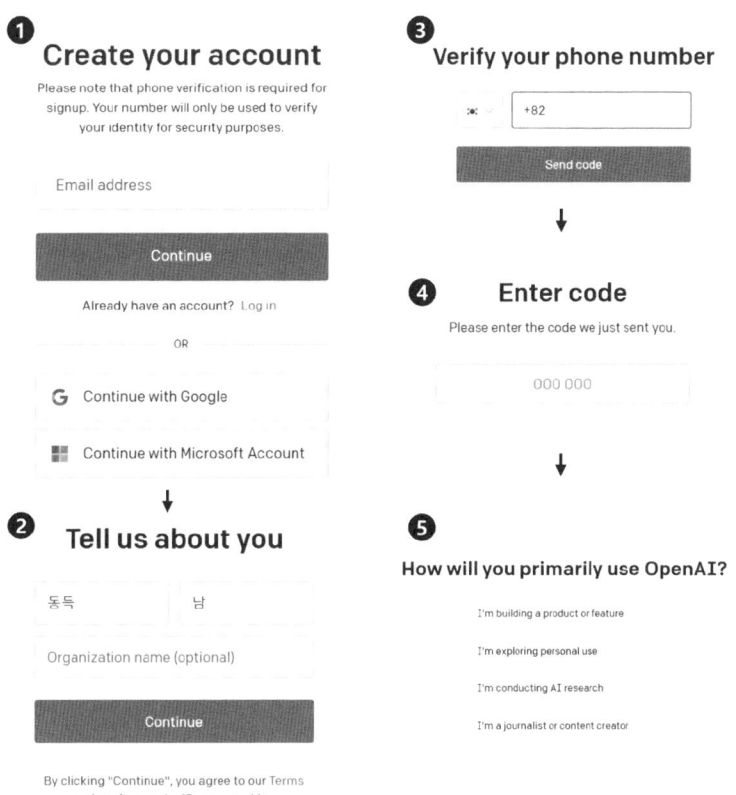

이제 사용자의 API Key를 생성하여 GPT for Sheets에 등록을 해야 한다. 그림 「API Key 생성하기」과 같이 사용자 계정에서 View API Keys를 클릭하면 https://platform.openai.com/account/api-keys에 접속이 되는데 이때 API Keys에서 + Create new secret key를 클릭하면 팝업에 생성된 API Key를 보여주는데 우측은 녹색 복사 버튼을 눌러서 복사한 후 OK 버튼을 누른다.
복사한 키는 스프레드시트의 그림 「확장 프로그램 〉 GPT for

API Key 생성하기

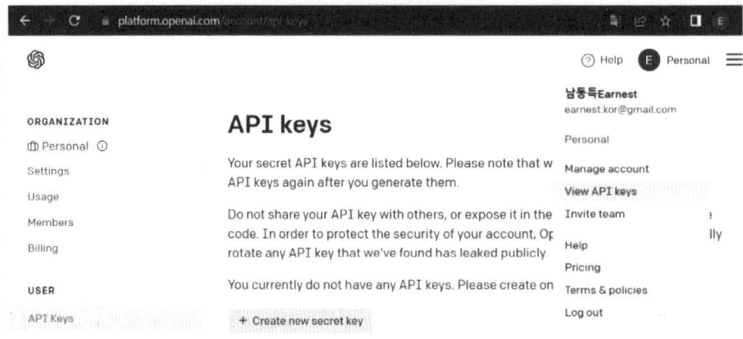

확장 프로그램 〉 GPT for Sheets 〉 Set API Key 선택하기

API Key 저장하기

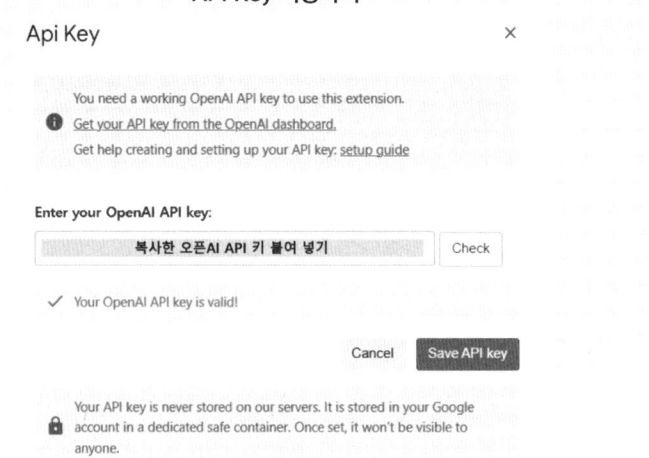

Sheets〉Set API Key 선택하기」와 같이 상단 메뉴에서 확장 프로그램을 선택한다. 그리고 GPT for Sheets에서 Set API Key를 선택하면 그림 「API Key 저장하기」와 같이 API Key를 입력하는 화면이 나타난다. 여기에 복사한 키를 붙여넣은 다음 Check를 선택한다. 그다음 하단에 Your OpenAI API keys is valid! 라는 메시지를 확인하고 Save API Key를 클릭하면 키가 저장된다. 그리고 그림 「확장 프로그램 〉 GPT for Sheets〉 Set API Key 선택하기」의 화면과 같이 확장 프로그램에서 Enable GPT functions를 선택하면 스프레드시트에 GPT가 연결된다.

스프레드시트와 GPT가 연결되면 시트 내 셀에서 =gpt를 입력하고 그림 「GPT 함수 목록 확인하기」와 같이 사용이 가능한 GPT 함수들을 확인할 수 있다. 여기서 사용할 함수를 선택하면 함수 사용 가이드를 그림 「GPT 함수 사용 가이드 확인하기」와 같이 확인할 수 있다. 우선 가장 많이 사용하는 GPT라는 함수에 대해서 알아보도록 하겠다.

GPT 함수는 =GPT(prompt, [value], [temperature], [max_tokens], [model])와 같이 사용할 수 있다. 앞에서 알아본 바와 같이 [](대괄호)에 들어가는 변수는 필수가 아닌 선택이기 때문에 입력하지 않아도 실행에는 문제가 없으나 더 효과적으로 사용하기 위해서 각 변수의 의미와 사용방법에 대해서 알아보도록 하자.

- prompt: GPT에게 질문하기 위한 일종의 명령어로 질문셋이라고 볼 수 있음

GPT 함수 목록 확인하기

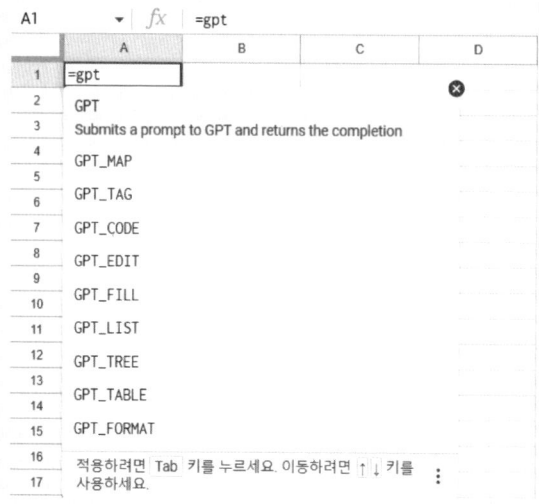

GPT 함수 사용 가이드 확인하기

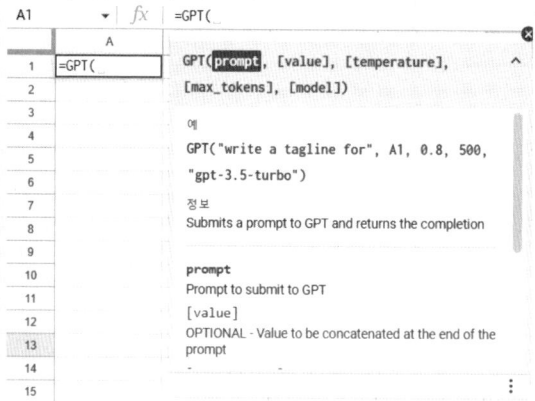

- value: 프롬프트prompt에 연결할 값으로 일종의 기대 결과 혹은 주제로 볼 수 있음
- temperature: 창의성 정도로 0~1 사이의 값을 가진다. 0에 가까울수록 동일한straightforward 답변을 1에 가까울수록 다양한vary

wildly 답변을 주며, 기본 설정은 0
- max_tokens: 답변의 최대 토큰으로 4000토큰 이하로 설정, 1토큰 = 영문자 약4개, 100토큰 = 약 75 단어
- model: 사용을 원하는 모델이고 기본 설정은 GPT-3.5-Turbo

현재 챗GPT의 경우 영어를 기반으로 학습했기 때문에 한글로 질문을 할 경우 정확한 답을 하지 못하는 경우가 많다. 그래서 사용을 할 때 영어로 직접 질문을 하거나 한글을 영어로 번역한 후에 질문을 하는 방법을 주로 사용한다. 필자는 한글을 영문으로 번역한 다음에 GPT에 질문을 하는 방법을 사용하도록 하겠다. 그리고 업무상에 GPT를 사용하면 유용하다고 생각되는 부분은 특정 주제에 대한 초안을 작성하거나, 특정 주제와 관련된 질문을 뽑아주거나, 질문에 대한 응답 내용을 작성해 주는 정도가 있을 듯하다. 그리고 스프레드시트에서 GPT를 사용하면 챗GPT에서 직접 질문을 하는 것보다 이력 관리가 용이하고 데이터를 축적할 수 있다는 장점이 있다.

앞에서 배운 내용을 바탕으로 좀 더 효과적으로 스프레드시트에서 챗GPT를 사용하는 방법에 대해서 알아보도록 하자. 우선 스프레드시트에서 GPT 함수를 직접 사용하기 위한 템플릿 시트와 변수와 조건을 관리하기 위한 기준정보 시트를 만들어서 작업하도록 하겠다. 먼저 기준정보 시트에는 GPT 함수의 변수인 prompt와 temperature를 좀 더 구조화하여 사용자가 쉽게 사용할 수 있게 정리해 보자.

기준 정보 시트에서 우선 업무 주제, 질문, prompt를 작성해 보도록 하겠다. 업무 주제는 템플릿 사용자가 GPT를 사용할 때 선택할 변수이며 업무 주제를 선택할 경우 주제에 맞는 prompt 값을 반환하고자 한다. 앞에서 설명했듯이 GPT는 영어로 질문을 하는게 좀 더 효과적이다. 그래서 질문 내용을 한글로 작성하고 스프레드시트에서 제공하는 구글 번역기인 GOOGLETRANSLATE(텍스트, [출발어], [도착어])함수를 사용하여 번역하도록 하겠다. 여기서 영어는 "en", 한국어는 "ko"로 표현하기 때문에 출발어와 도착어는 각 언어 기호에 맞추어 입력한다. C2셀에서 =GOOGLETRANSLATE(B2,"ko","en")&" : "를 입력하면 B2셀에 한글로 입력된 질문을 영어로 번역해 주고 :(세미콜론)을 붙여 준다. 세미콜론은 GPT함수를 사용하기 위해서 prompt와 value를 구분해 주는 기호정도로 봐주면 된다. 그리고 temperature는 창의성 정도를 나타낸다고 했다. 0에 가까울수록 완곡하고 1에 가까울수록 창의적이다. 그래서 완전 완곡한, 약간 완곡한, 적당한, 약간 창의적인, 완적 창의적인으로 변수를 입력하고 그에 따른 수치를 0에서 1사이의 숫자로 입력하였다. 해당 내용은 그림 「GPT 함수를 사용하기 위한 기준정보 입력하기」에서 확인할 수 있다.

그리고 업무 주제와 표현 정도는 이후 관리의 용이성을 위해서 그림 「이름이 지정된 범위 정의를 활용하여 선택영역 이름 지정하기」와 같이 이름이 지정된 범위 정의를 사용하여 선택된 범위에 대해서 이름을 지정한다. 이름지정은 공백을 사용할 수 없어 선택된 영역에 대해서는 각각 업무주제와 표현정도로 이름을 지정하고 이후 템플

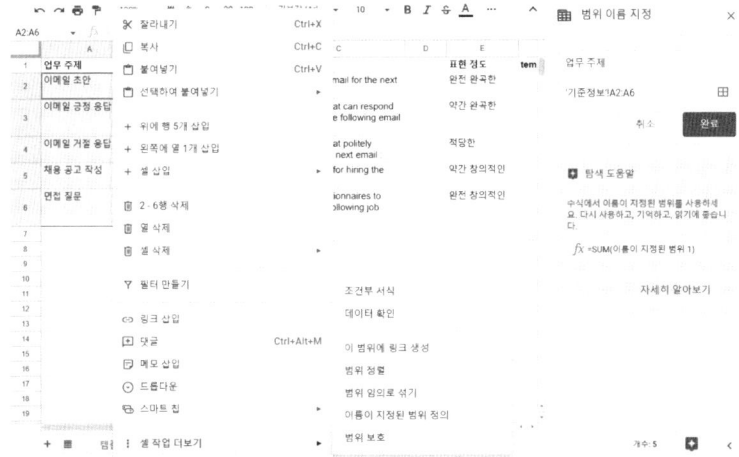

릿에서 드롭다운(범위)로 선택할 수 있게 적용하도록 하겠다.

템플릿 시트는 그림 「템플릿 시트 구성」과 같이 구성했다. 업무 주제는 기준정보 시트의 업무 주제를 선택할 수 있게 했다. 템플릿 시트에서 업무 주제를 선택하면 기준정보 시트에 등록된 영문 prompt의 값을 가져오고 질문할 value를 사용자가 한글로 입력하면 구글 번역기가 영어로 번역해 준다. 표현 정도는 기준정보에 등

템플릿 시트 구성

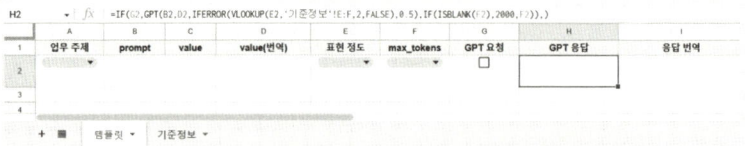

록된 표현 정도를 선택할 수 있게 했고 max_tokens는 사용자가 1000, 2000, 3000 중에서 선택할 수 있게 했다. 초기 설정이 4000인데 스프레드시트의 특성상 계산이 특정 시간을 넘어가게 되면 오류로 처리되기 때문에 3000 내로 설정하는 것이 답변을 받는데 효과적이라고 생각한다. GPT 요청은 체크박스를 체크하면 TRUE, 체크하지 않으면 FALSE이다. GPT 호출하기 전에 원하는 값들이 다 입력이 완료된 다음에 GPT 요청을 체크하면 입력된 값을 기반

템플릿의 각 항목에 입력된 내용 확인하기

셀명	위치	내용 or 함수
업무 주제	A2	데이터 확인〉 드롭다운(범위)〉 업무주제(사전에 지정된 범위 이름)
prompt	B2	=IFERROR(VLOOKUP(A2,{'기준정보'!A:A,'기준정보'!C:C},2,FALSE),)
value	C2	업무 주제에 맞는 목적 내용 입력
value(번역)	D2	=IFERROR(GOOGLETRANSLATE(C2,"ko","en"),)
표현 정도	E2	데이터 확인〉 드롭다운(범위)〉 표현정도(사전에 지정된 범위 이름)
max_tokens	F2	데이터 확인〉 드롭다운〉 범위 입력 (1000, 2000, 3000)
GPT 요청	G2	데이터 확인〉 체크박스
GPT 응답	H2	=IF(G2,GPT(B2,D2,IFERROR(VLOOKUP(E2,'기준정보'!E:F,2,FALSE),0.5),IF(ISBLANK(F2),2000,F2)),)
응답 번역	I2	=IFERROR(GOOGLETRANSLATE(H2,"en","ko"),)

으로 GPT를 호출하고 결과를 받아볼 수 있다. GPT가 영어로 답변하면 구글번역기가 답변을 한글로 번역한다. 각 셀에 대한 구체적인 내용 및 함수는 앞의 표「템플릿의 각 항목에 입력된 내용 확인하기」에서 확인할 수 있다.

템플릿을 활용해서 GPT에게 몇 가지 업무를 시켜보도록 하겠다. 먼저 채용 인터뷰에서 불합격을 통보하는 메일 초안을 GPT에게 요청하려고 한다. 표현은 약간 완곡하고 max_tokens는 2000으로 설정하여 그림「GPT를 활용한 인터뷰 불합격 메일 초안 작성 요청하기」와 같이 요청했다. 이 질문에 대해서 GPT는 표「GPT가 작성한 채용 불합격 메일 영문 초안」과 같이 답변했다. 우선 영어 답변을 넣어두었는데 한글 번역은 어색할 수 있어서 발송 전에 사용자가 읽어 보고 직접 수정을 해야 좀 더 매끄러운 표현을 사용할 수 있다.

GPT가 작성한 채용 불합격 메일 영문 초안

Subject: Mail that would have failed during the recruitment interview process

Dear [Name],

I hope this email finds you well. As we continue to navigate the recruitment process, I wanted to touch on a topic that is often overlooked but can have a significant impact on a candidate's chances of success – email communication.

During the recruitment process, email communication is often the first point of contact between a candidate and a potential employer. As such, it is crucial that candidates pay close attention to the tone, language, and overall professionalism of their emails.

Unfortunately, there are many emails that would have failed during the recruitment interview process. These include:

1. Emails with typos and grammatical errors – This can give the impression that the candidate is careless and lacks attention to detail.

2. Emails that are too casual or informal – While it's important to be friendly and approachable, candidates should avoid using slang or overly casual language in their emails.

3. Emails that are too long or rambling – Candidates should aim to be concise and to the point in their emails. Long, rambling emails can be difficult to read and may not be given the attention they deserve.

4. Emails that are too aggressive or confrontational – Candidates should always be polite and professional in their emails, even if they are expressing frustration or disagreement.

5. Emails that are too generic or impersonal – Candidates should take the time to personalize their emails and show that they have done their research on the company and the position they are applying for.

In conclusion, email communication is an essential part of the recruitment process, and candidates should take it seriously. By avoiding the common pitfalls outlined above, candidates can increase their chances of success and make a positive impression on potential employers.

Thank you for your time, and I look forward to continuing our discussion.

Best regards,
[Your Name]

GPT에게 채용공고 작성을 요청해 보도록 하겠다. 포지션명만 작성하기보다는 좀 더 상세한 업무 내용을 적는다면 보다 구체적인 채용공고를 작성해 준다. 필자는 고객 데이터를 분석하여 인사이트를 도출하고 해당 정보를 마케팅에 활용하는 포지션에 대한 채용공고 작성을 그림 「GPT를 활용한 채용공고 작성 요청하기」와 같이 GPT에게 요청했다. 해당 질문에 대해 GPT는 표 「GPT가 작성한 채용 불합격 메일 영문 초안」과 같이 답변했다.

GPT를 활용한 채용공고 작성 요청하기

GPT가 작성한 고객 데이터 분석가 채용 공고 요청서 영문 초안

Notice of Job Vacancy
Position: Customer Data Analyst
We are seeking a highly motivated and experienced Customer Data Analyst to join our team. The successful candidate will be responsible for analyzing customer data to derive insights and use it for marketing with the corresponding information.
Key Responsibilities:

- Analyze customer data to identify trends, patterns, and insights
- Develop customer segmentation and targeting strategies
- Collaborate with the marketing team to develop effective campaigns
- Monitor and report on the effectiveness of marketing initiatives
- Stay up-to-date with industry trends and best practices
Qualifications:
- Bachelor's degree in Marketing, Business, Statistics, or related field
- 3+ years of experience in customer data analysis
- Proficiency in statistical analysis and data visualization tools
- Strong communication and collaboration skills
- Ability to work independently and manage multiple projects simultaneously

If you are passionate about using data to drive business decisions and want to join a dynamic team, please submit your resume and cover letter to [insert contact information]. We offer a competitive salary, benefits package, and opportunities for growth and development.

We are an equal opportunity employer and welcome applications from all qualified candidates. Only those selected for an interview will be contacted.

지금까지 스프레드시트에서 챗GPT를 연결하고 GPT 함수를 사용하는 방법에 대해서 알아보았다. 스프레드시트에서 사용할 수 있는 GPT 함수는 GPT뿐만 아니라 GPT_LIST, GPT_FILL, GPT_TABLE 등 스프레드시트 특성에 맞추어 다양한 GPT 함수를 지원한다. 스프레드시트에서 보다 많은 GPT 함수 사용법에 대해서 알고 싶다면 구글에서 GPT for Sheets referece를 검색하거나 https://gptforwork.com/gpt-for-sheets/reference 사이트에 바로 접속하면 그림 「GPT for Sheets reference 확인하기」와 같은 화면을 볼 수 있다. 우측에 학습을 희망하는 함수를 클릭하면

GPT for Sheets reference 확인하기

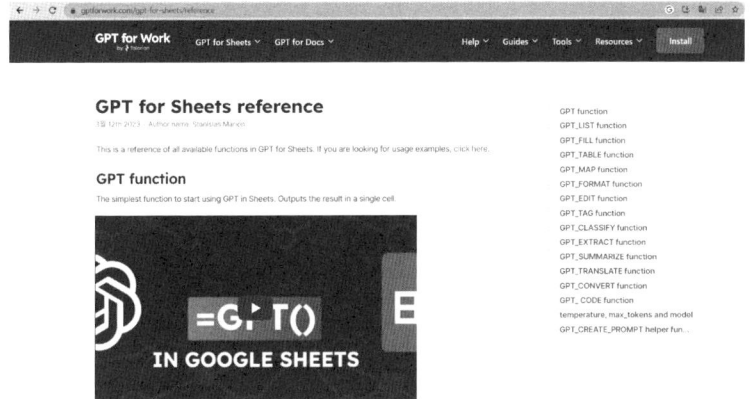

선택한 함수에 대하여 개발사인 탈라리안에서 제공하는 영상과 함께 상세한 사용 방법을 확인할 수 있다.

챗GPT가 출시되면서 지금까지와는 다른 AI 기술에 대해서 많은 사람들이 놀라고 있다. 기술은 매우 빠르게 변화하고 발전하고 있다. 이러한 기술을 어떻게 활용할지는 그것을 사용하는 우리에게 달려있다. 새로운 기술에 관심을 가지고 업무에 활용한다면 원하는 결과를 보다 쉽고 빠르게 얻을 수 있다고 확신한다. 지금까지 공유한 내용이 업무를 하는 데 많은 도움이 되길 바란다.

실전에서 바로 써먹는 **업무자동화**

초판 1쇄 인쇄 2023년 4월 24일
초판 1쇄 발행 2023년 4월 28일

지은이 남동득
펴낸이 안현주

국내 기획 류재운 이지혜 **해외 기획** 김준수 **메디컬 기획** 김우성
편집 안선영 박다빈 **마케팅** 안현영
디자인 표지 정태성 본문 장덕종

펴낸 곳 클라우드나인 **출판등록** 2013년 12월 12일(제2013-101호)
주소 우) 03993 서울시 마포구 월드컵북로 4길 82(동교동) 신흥빌딩 3층
전화 02-332-8939 **팩스** 02-6008-8938
이메일 c9book@naver.com

값 18,000원
ISBN 979-11-92966-14-4 03320

* 잘못 만들어진 책은 구입하신 곳에서 교환해드립니다.
* 이 책의 전부 또는 일부 내용을 재사용하려면 사전에 저작권자와 클라우드나인의 동의를 받아야 합니다.
* 클라우드나인에서는 독자 여러분의 원고를 기다리고 있습니다.
  출간을 원하시는 분은 원고를 bookmuseum@naver.com으로 보내주세요.
* 클라우드나인은 구름 중 가장 높은 구름인 9번 구름을 뜻합니다. 새들이 깃털로 하늘을 나는 것처럼 인간은 깃펜으로 쓴 글자에 의해 천상에 오를 것입니다.